CONTEÚDO DIGITAL PARA ALUNOS

Cadastre-se e transforme seus estudos em uma experiência única de aprendizado:

1 Entre na página de cadastro:
https://sistemas.editoradobrasil.com.br/cadastro

2 Além dos seus dados pessoais e dos dados de sua escola, adicione ao cadastro o código do aluno, que garantirá a exclusividade do seu ingresso à plataforma.

3962706A3702213

CB015091

3 Depois, acesse: https://leb.editoradobrasil.com.br/
e navegue pelos conteúdos digitais de sua coleção :D

Lembre-se de que esse código, pessoal e intransferível, é valido por um ano. Guarde-o com cuidado, pois é a única maneira de você acessar os conteúdos da plataforma.

Editora do Brasil

COLEÇÃO AKPALÔ
AKPALÔ
HISTÓRIA

Rosiane de Camargo
- Licenciada em História pela Universidade Federal do Paraná (UFPR)
- Pós-graduada em História do Brasil pela Faculdade Padre João Bagozzi
- Autora de materiais didáticos

Wellington Santos
- Bacharel em História pela Universidade de São Paulo (USP)
- Autor e editor de materiais didáticos

4.º ANO
Ensino Fundamental
Anos Iniciais

HISTÓRIA

AKPALÔ
Palavra de origem africana que significa "contador de histórias, aquele que guarda e transmite a memória do seu povo".

São Paulo, 2019
4ª edição

Editora do Brasil

Dados Internacionais de Catalogação na Publicação (CIP)
(Câmara Brasileira do Livro, SP, Brasil)

Camargo, Rosiane de
 Akpalô história 4º ano / Rosiane de Camargo, Wellington Santos. – 4. ed. – São Paulo: Editora do Brasil, 2019. – (Coleção akpalô)

 ISBN 978-85-10-07414-8 (aluno)
 ISBN 978-85-10-07415-5 (professor)

 1. História (Ensino fundamental) I. Santos, Wellington. II. Título. III. Série.

19-27288 CDD-372.89

Índices para catálogo sistemático:
1. História : Ensino fundamental 372.89
Iolanda Rodrigues Biode - Bibliotecária - CRB-8/10014

abdr
ASSOCIAÇÃO BRASILEIRA DOS DIREITOS REPROGRÁFICOS
Respeite o direito autoral

4ª edição / 3ª impressão, 2024
Impresso no Parque Gráfico da Pifferprint

Editora do Brasil

Avenida das Nações Unidas, 12901
Torre Oeste, 20º andar
São Paulo, SP – CEP: 04578-910
Fone: +55 11 3226-0211
www.editoradobrasil.com.br

© Editora do Brasil S.A., 2019
Todos os direitos reservados

Direção-geral: Vicente Tortamano Avanso

Direção editorial: Felipe Ramos Poletti
Gerência editorial: Erika Caldin
Supervisão de arte e editoração: Cida Alves
Supervisão de revisão: Dora Helena Feres
Supervisão de iconografia: Léo Burgos
Supervisão de digital: Ethel Shuña Queiroz
Supervisão de controle de processos editoriais: Roseli Said
Supervisão de direitos autorais: Marilisa Bertolone Mendes

Supervisão editorial: Priscilla Cerencio
Coordenação pedagógica: Josiane Sanson
Edição: Mariana Tomadossi
Assistência editorial: Felipe Floriano Adão e Ivi Paula Costa da Silva
Copidesque: Gisélia Costa, Ricardo Liberal e Sylmara Beletti
Revisão: Elis Beletti, Gabriel Ornelas, Marina Moura, Martin Gonçalves e Mônica Reis.
Pesquisa iconográfica: Odete Ernestina, Priscila Ferraz e Tatiana Lubarino
Assistência de arte: Letícia Santos e Samira de Souza
Design gráfico: Estúdio Sintonia e Patrícia Lino
Capa: Megalo Design
Imagens de capa: Deepak Sethi/iStockphoto.com, monkeybusinessimages/iStockphoto e MrPants/iStockphoto.com
Ilustrações: Alex Argozino, Christiane S. Messias, Dam Ferreira, Desenhorama, Elder Galvão, Erik Malagrino, Fabio Nienow, Hugo Araújo, José Wilson Magalhães, Marcos de Mello, Paula Haydee Radi, Rodval Matias e Simone Matias (aberturas de unidade)
Produção cartográfica: Alessandro Passos da Costa, DAE (Departamento de Arte e Editoração), Sonia Vaz e Studio Caparroz
Coordenação de editoração eletrônica: Abdonildo José de Lima Santos
Editoração eletrônica: Viviane Yonamine
Licenciamentos de textos: Cinthya Utiyama, Jennifer Xavier, Paula Harue Tozaki e Renata Garbellini
Controle de processos editoriais: Bruna Alves, Carlos Nunes, Rafael Machado e Stephanie Paparella

Querido aluno,

Você, com certeza, tem muitas histórias para contar: de seu dia a dia, dos anos que já passaram e tantas outras que poderiam estar em um livro. Isso acontece porque a história é construída diariamente, seja a sua, seja a de sua cidade, de seu país.

A História é resultado da ação dos seres humanos em diferentes tempos e espaços.

Para estudar a história da humanidade, entender como os diversos lugares do planeta foram ocupados e modificados, é preciso buscar pistas, encontrar vestígios.

Este livro possibilita a você conhecer a história dos seres humanos e refletir sobre como eles buscaram formas de sobreviver, de adaptar-se e de modificar o meio em que vivem desde que surgiram. Foi assim que cidades e novas formas de organização foram gradualmente criadas – e ainda são até hoje.

Desejamos a você uma boa viagem pela história da humanidade.

Os autores

Sumário

UNIDADE 1
Para entender a história 6

Capítulo 1: Todos têm história 8
Memórias compartilhadas 8
O estudo da História 9

Capítulo 2: As pistas sobre o passado 12
Os objetos pessoais 12
Os vestígios 13

Capítulo 3: Os documentos patrimoniais 18
Cápsula do tempo 18
O patrimônio cultural 19

Capítulo 4: O tempo e a História 22
Tempo escolar 22
A contagem do tempo 23

▸ Hora da leitura: Ao alcance da mão 28
▸ História em ação: Preservação de documentos 29
▸ Revendo o que aprendi 30
▸ Nesta unidade vimos 32
▸ Para ir mais longe 33

UNIDADE 2
Os primeiros passos da humanidade 34

Capítulo 1: Os vestígios da humanidade 36
Vamos criar um fóssil? 36
África: berço da humanidade 37
Da África para o mundo 38
Os primeiros seres humanos na América 39

Capítulo 2: As comunidades na Pré-História 44
Uma cena da Pré-História 44
Os primeiros grupos humanos 45
▸ #Digital: *Podcast* 49

Capítulo 3: O mundo em movimento 52
A cidade em uma imagem 52
A formação e o desenvolvimento das cidades 53
Comércio e expansão de fronteiras 55

Capítulo 4: O mundo em expansão 60
A arte de navegar 60
As viagens marítimas 61
O comércio português 62

▸ Hora da leitura: Mitos, lendas e contos 66
▸ História em ação: Homem de Ötzi 67
▸ Como eu vejo: O cinturão verde 68
▸ Como eu transformo: De onde vêm os alimentos que eu consumo? 70
▸ Revendo o que aprendi 71
▸ Nesta unidade vimos 74
▸ Para ir mais longe 75

UNIDADE 3
Brasil no mapa do mundo 76

Capítulo 1: Os povos nativos 78
Vamos criar um maracá? 78
Os indígenas em 1500 79

Capítulo 2: A colonização do Brasil português 84
Como era antes? 84
A administração colonial 85
A solução açucareira 88

Capítulo 3: Da África para o Brasil 92
Uma boneca africana 92
Os africanos na África 93
O tráfico de escravos 94

Capítulo 4: Expansão territorial e mineração 102
Você conhece o Brasil? 102
Do litoral para o interior 103
A mineração e o povoamento 104

> **Hora da leitura:** Uma viagem feita à terra Brasil 110
> **História em ação:** Numismática – o estudo das moedas 111
> **Revendo o que aprendi** 112
> **Nesta unidade vimos** 114
> **Para ir mais longe** 115

UNIDADE 4
Construção do Brasil como nação 116

Capítulo 1: Brasil: independência ou morte! 118
Retratos do Brasil 118
1808: a Corte portuguesa no Brasil 119
O Brasil independente 121

Capítulo 2: A construção do Brasil Imperial 124
Um símbolo para a nova nação 124
O reinado de D. Pedro I (1822-1831) 125
O Período Regencial (1831-1840) 127

Capítulo 3: D. Pedro II: um longo reinado 130
O trem de ferro 130
O Segundo Reinado no Brasil 131
O café veio para ficar 133
Chegam os imigrantes 135
Abolição da Escravatura 137

Capítulo 4: É gente de todo lugar 140
A culinária de outros povos 140
Brasileiros de muitas origens 141
As migrações internas no Brasil 142
Novos imigrantes 143
A imprensa imigrante 144

> **Digital:** Criando um *podcast* 147
> **Hora da leitura:** A menina que descobriu o Brasil 150
> **História em ação:** O Museu da Imigração ... 151
> **Como eu vejo:** Febre amarela 152
> **Como eu transformo:** Conhecendo e informando 154
> **Revendo o que aprendi** 155
> **Nesta unidade vimos** 158
> **Para ir mais longe** 159

Atividades para casa 160
Unidade 1 160
Unidade 2 163
Unidade 3 165
Unidade 4 167

Datas comemorativas 169
Descobrimento do Brasil – 22 de abril 169
Independência do Brasil – 7 de setembro 170
Dia Nacional da Consciência Negra – 20 de novembro 171

Caderno de cartografia 172
Encartes 175

UNIDADE 1
Para entender a história

- Que objeto está representado? Para que ele é usado?
- Por quais mudanças esse objeto passou ao longo do tempo? E o que não mudou?
- Como as mudanças mostradas nesse objeto estão relacionadas ao título da unidade?

CAPÍTULO 1
Todos têm história

Memórias compartilhadas

Quando contamos histórias, podemos nos divertir e ainda aprender muito.

1. Que tal contar uma história com os colegas?
   - Procure lembrar de um acontecimento que você tenha vivido no ano passado na companhia de colegas da turma. Pode ser um passeio da escola, um trabalho escolar em grupo, algo aprendido nas aulas etc.
   - Conte a história desse acontecimento com começo, meio e fim. Se foi um passeio, por exemplo, fale sobre a preparação e as expectativas, aonde vocês foram, o que viram, o que fizeram lá, como foi a volta do passeio e como isso foi compartilhado na sala de aula.
   - Depois de contar a história, os colegas devem acrescentar a ela detalhes daquilo que lembram, tornando-a mais completa.
   - Para finalizar, conversem sobre a experiência de lembrar juntos desse acontecimento.

2. Agora responda: Que recurso você usou para contar a história?

O estudo da História

A História como ciência é a área do conhecimento que investiga as vivências humanas no decorrer do tempo, em uma relação estabelecida entre o passado e o presente da humanidade. Ao estudarmos História, conhecemos um pouco do passado das pessoas, dos grupos, das comunidades, dos espaços ao longo do tempo e da origem de expressões culturais, como danças e festas, e podemos relacionar tudo isso com o que vivemos hoje.

No passado as pessoas também trabalhavam, construíam moradias, se alimentavam e constituíam famílias, mas não viviam exatamente como vivemos atualmente. Essa diferença pode ser explicada porque cada época e lugar têm algumas características próprias.

- Assim como nos dias atuais, no passado era comum a realização de festas populares em espaços públicos. Muitas destas festas são herdadas de povos que vieram morar no Brasil. A Cavalhada, por exemplo, é de origem portuguesa.

▶ Cavalhada em Pirenópolis, Goiás.

- Em algumas construções é possível perceber as diferenças entre as técnicas utilizadas antigamente e as atuais. Nelas é possível perceber influências estrangeiras, como o estilo enxaimel, típico dos alemães.

A História é construída pelos seres humanos, que transformam, ao longo do tempo, o meio em que vivem e o próprio modo de vida. Os historiadores são pesquisadores que investigam e estudam os diversos aspectos da vida humana em diferentes tempos. Para realizar seu **ofício**, esses profissionais se baseiam em várias fontes históricas.

Glossário

Ofício: trabalho, profissão.

▶ Casa em estilo enxaimel em Pomerode, Santa Catarina.

As transformações nas sociedades

Os historiadores estudam as transformações e as **permanências** que ocorrem nas sociedades ao longo do tempo.

Observe algumas delas:

Glossário

Permanência: elementos que se mantêm praticamente sem alteração ao longo do tempo.

Viver em cidades, com grande quantidade de pessoas, faz parte da história da humanidade há milhares de anos. Mas a forma pela qual as cidades são construídas e as pessoas se relacionam nesse espaço mudou ao longo do tempo.

As formas de construir moradias passaram por diversas mudanças ao longo do tempo. Isso acontece porque novas técnicas são criadas e, muitas vezes, diferentes materiais passam a ser utilizados nas construções.

Os meios de locomoção passaram por muitas transformações ao longo dos anos. Hoje é comum os veículos serem movidos por motores. Até o início do século XX, muitos veículos eram puxados por animais.

O futebol é um esporte muito conhecido e praticado no Brasil. Ele foi introduzido no país por volta de 1880 e passou por várias transformações até chegar às formas que conhecemos hoje.

Ao investigar as diversas mudanças, percebemos também o que não mudou, ou seja, as permanências em um lugar e em uma comunidade. Assim, podemos entender melhor nossa sociedade no presente.

Atividades

1 Observe as imagens a seguir e responda as questões oralmente.

▶ Aula de Educação Física na Escola Normal, em São Paulo, São Paulo, 1908.

▶ Aula de Educação Física na quadra escolar. São Paulo, São Paulo, 2018.

a) Identifique a atividade realizada pelas pessoas em ambas as imagens.

b) Quantos anos se passaram entre uma fotografia e outra?

c) Compare as imagens e indique:

- uma semelhança;
- uma diferença.

d) Uma fotografia é do presente e a outra, do passado. Ao compará-las, estamos estudando História? Explique.

2 Estudar o passado e observar as mudanças da sociedade ao longo do tempo nos ajuda a compreender o presente.

- Assinale a alternativa correta referente à noção de passado.

☐ Tempo atual, o que estamos vivendo.

☐ Tempo que já passou, anterior a hoje.

☐ Tempo que virá depois de hoje.

3 Complete as frases.

- Uma das ciências que investigam o passado é a _____.

- Entre os profissionais que investigam o passado da humanidade estão os _____.

- Ao estudar História percebemos as mudanças e as _____ em um lugar e nas sociedades.

11

CAPÍTULO 2 — As pistas sobre o passado

Os objetos pessoais

Vamos brincar de historiador? Para isso, siga as instruções abaixo.

1. Reúna-se com alguns colegas e forme um grupo.
2. Cada grupo deve escolher um dos membros para contar uma história da vida dele e providenciar uma caixa (de sapatos ou outra maior). Somente os membros do grupo podem ouvir a história.
3. O aluno escolhido, na data marcada pelo professor, deverá trazer e colocar na caixa alguns objetos pessoais relacionados à história que ele contou, como fotografias, brinquedos e livros.
4. Para a realização da atividade, o professor trocará as caixas entre os grupos.
5. Cada grupo deve analisar os objetos e, com base neles, elaborar algumas hipóteses sobre a história do dono deles.
6. Com essas hipóteses, cada grupo deverá escrever uma pequena história.
7. Para terminar, cada grupo deve apresentar a história elaborada ao resto da turma. Então, em uma roda de conversa, todos debaterão a importância da análise dos objetos e como isso se aproximou da história vivida pelo colega.

Os vestígios

Ao estudar o passado, o historiador também se depara com enigmas: O que aconteceu? Por que aquelas pessoas agiram daquela maneira naquela situação? Quais foram as consequências daquelas ações?

Para descobrir o que ocorreu no passado, o historiador procura pistas. Ele as encontra em vestígios, isto é, em marcas do passado que permanecem no presente. Ao analisar um pote de barro de centenas de anos, por exemplo, o historiador pode obter informações sobre o que as pessoas daquela época comiam ou como cozinhavam; em registros escritos, é possível conhecer um pouco como pensavam as pessoas que os produziram.

Todos os vestígios – tudo o que foi produzido ou modificado pelos seres humanos e que pode fornecer informações sobre a história da humanidade – são chamados de fonte histórica. Por meio deles, o historiador obtém informações a respeito dos acontecimentos ou da sociedade do passado que ele está estudando.

O historiador questiona o passado e imagina possíveis respostas, ou seja, ele levanta hipóteses. Mas, para saber se essas respostas fazem sentido, ele precisa investigar os vestígios utilizando métodos rigorosos de análise das fontes.

Vamos conhecer alguns tipos de fontes históricas?

Imagine que você tenha pesquisado a história de sua escola e seguido os passos descritos abaixo.

Para começar, você entrevistou a diretora. Perguntou o que ela sabia da escola, pediu que citasse alguns acontecimentos que ela considerava importantes e gravou ou anotou as respostas. Assim, você usou um dos tipos de fonte histórica: a **fonte oral**.

> ▶ Fontes orais são as informações guardadas na memória e transmitidas de uma pessoa a outra em conversas, relatos, entrevistas e narrativas.

Além da entrevista, a diretora mostrou a você uma pasta de arquivo em que havia outras fontes para investigar a história da escola.

Na pasta havia papéis, cadernos e livros em que estavam registrados a data de fundação e outros dados da instituição. Esses e outros documentos são **fontes escritas**.

> ▶ Fontes escritas são os documentos oficiais (Certidão de Nascimento ou de Casamento, Passaporte, Carteira de Trabalho, Carteira de Identidade, Boletim Escolar, Registro de Imóvel etc.), leis governamentais, diários, cartas, livros, revistas, jornais e muitos outros.

A diretora também mostrou fotografias e um desenho usado como referência para a construção do prédio da escola. Essas imagens são **fontes visuais**.

▶ Fontes visuais são imagens, como fotografias, quadros, gravuras, pinturas, desenhos, filmes e mapas.

Que outros vestígios poderiam ser analisados para contar essa história?

O prédio, os uniformes, os móveis e os objetos são algumas **fontes materiais** que poderiam ser analisadas para contar a história da escola.

▶ Fontes materiais são objetos em geral, como móveis, brinquedos, ferramentas de trabalho, roupas, monumentos e esculturas.

Podem ser utilizadas ainda **fontes audiovisuais** com registros de **fontes imateriais** produzidas no espaço escolar ao longo do tempo.

▶ As fontes audiovisuais são filmes e vídeos relacionados ao que se está pesquisando. Já fontes imateriais são aquelas que não podem ser "tocadas", manuseadas. Elas se manifestam nos hábitos, nas práticas e na cultura das pessoas, e assim podem nos fornecer informações. Entre elas estão as lendas, os costumes, a dança, o teatro, as brincadeiras de rua e tudo aquilo que esteja relacionado à cultura de uma comunidade.

Atividades

1 Observe as imagens e faça o que se pede.

Galeria de Arte de Wolverhampton. Foto: Bridgeman Images/Easypix Brasil

Biblioteca da Universidade Northwestern, Evanston

_____
_____
_____
_____
_____
_____
_____
_____
_____
_____
_____
_____
_____
_____
_____
_____

a) Crie uma legenda para cada imagem com as seguintes informações:
- identificação dos objetos;
- função;
- exemplos de outros objetos com funções semelhantes.

b) Que informações sobre o passado podemos obter analisando os objetos das imagens?

c) Que tipo de fonte histórica cada objeto representa?

_____
_____

15

2 A análise das fontes possibilita a identificação de diferenças e semelhanças ao longo do tempo. Observe as imagens e faça o que se pede.

1

Coleção particular. Foto: Bridgeman Images/Easypix Brasil

2

Coleção particular. Foto: De Agostini Picture Library/Fotoarena

3

GeniusKp/Shutterstock.com

a) Que objetos são esses? _____

b) Para que servem? _____
_____

c) Preencha o quadro com as características semelhantes ou diferentes entre os objetos das imagens.

Formato	
Material	
Modelo	

d) Com base nos dados de cada imagem e em suas respostas, escreva no caderno uma pequena história das transformações pelas quais esses objetos passaram.

3 De que forma os pesquisadores estudam a história das pessoas e dos lugares?

_____

4 O que pode ser usado como fonte para o estudo da História?

_____

_____

5 Analise as imagens a seguir e assinale a alternativa correta de cada item.

a) Que tipo de fonte histórica está sendo coletada pelos estudantes?

☐ Oral.

☐ Escrita.

☐ Material.

▶ Senhora sendo entrevistada.

b) A fotografia abaixo é uma fonte iconográfica. Ela mostra uma profissão:

☐ do presente.

☐ do passado.

☐ do futuro.

▶ Fotografia de Marc Ferrez. *Amolador*, 1889.

c) Que tipo de documento histórico está representado na imagem?

☐ Escrito.

☐ Oral.

☐ Material.

▶ Página da obra *Nova Escola* de Manoel de Andrade de Figueiredo, c. 1670-1735.

CAPÍTULO 3
Os documentos patrimoniais

Cápsula do tempo

Você já ouviu falar em cápsula do tempo?

A cápsula do tempo é um recipiente no qual são guardados itens que podem fornecer informações do presente para as pessoas no futuro. Ela é geralmente enterrada e se estabelece uma data determinada para ser desenterrada e aberta.

1. Agora você e os colegas criarão uma cápsula do tempo do 4º ano. O que vocês colocarão nela?

1. Pensem em fontes que, no futuro, darão indícios de como vocês vivem e se organizam hoje.
2. O professor anotará as sugestões na lousa.
3. Depois, escolham juntos os itens que acreditam ser os mais importantes e significativos.
4. Providenciem os documentos e objetos escolhidos, coloquem-nos em uma caixa – que deverá ser lacrada – e deixem-na guardada até o próximo ano, quando vocês finalizarão a primeira etapa do Ensino Fundamental.
Na data que vocês estipularem, uma turma de 4º ano da sua escola poderá abrir a caixa.
5. Para finalizar, conversem sobre o que os alunos que abrirem a caixa poderão aprender a respeito dessa turma com base nas fontes históricas que vocês guardaram na cápsula.

O patrimônio cultural

Vimos que as fontes históricas podem fornecer pistas do passado.
Você conhece alguma fonte histórica declarada como patrimônio cultural?

> Patrimônio cultural é o conjunto de bens históricos, artísticos, arquitetônicos, imateriais e naturais cuja conservação é de interesse público. Pode ser regional, nacional ou mesmo de toda a humanidade.

O patrimônio cultural pode ser classificado de muitas formas, uma delas é com base na divisão em bens materiais e imateriais.

- **Bens materiais**: são de natureza concreta, como construções, monumentos, pinturas, esculturas, livros, joias, móveis, vestimentas, sítios arqueológicos, parques nacionais, documentos escritos e visuais, entre outros.

▶ Pintura rupestre. Parque Nacional da Serra da Capivara, Brasil.

▶ Fachada da Biblioteca Nacional. Rio de Janeiro, Rio de Janeiro.

▶ Locomotiva a vapor do século 19 na Estação Ferroviária de Tiradentes, Minas Gerais.

- **Bens imateriais**: são os conhecimentos, costumes e tradições que fazem parte do cotidiano de determinada comunidade e influenciam no modo de ser desse grupo. Entre eles, podemos citar as tradições orais, as crenças e rituais, as danças, as técnicas de preparar pratos típicos e o artesanato.

▶ Passistas de frevo no Marco Zero, localizado na Praça Barão do Rio Branco. Recife, Pernambuco.

▶ Samba de roda Raízes de Acupe. Santo Amaro, Bahia.

▶ Produção de panelas de barro. Vitória, Espírito Santo.

> As fontes materiais e imateriais de interesse público que são importantes para um povo ou uma comunidade podem ser consideradas patrimônio cultural.

Um pouco mais sobre

Os sítios arqueológicos

Você já ouviu falar em sítios arqueológicos? São locais nos quais são encontrados vestígios de povos que habitaram ali há muito tempo. Neles os pesquisadores costumam encontrar artefatos, construções, túmulos etc. Por meio desses objetos, podemos conhecer um pouco da vida das pessoas que lá viveram.

Um exemplo de vestígio arqueológico são os sambaquis. Nesses locais os povos indígenas de antigamente acumulavam restos de alimentos, conchas e ossos, formando grandes depósitos. Por meio deles podemos conhecer, por exemplo, alguns hábitos alimentares dos indígenas no passado.

Outro exemplo de vestígio arqueológico são as pinturas rupestres, feitas geralmente nas paredes de cavernas. Elas retratam algumas cenas que deviam ser comuns na época, como a caça de animais selvagens. Assim, podemos conhecer melhor como esses povos viviam e o que faziam.

Os sítios arqueológicos são importantes exemplos de patrimônio histórico. Eles contêm informações de um passado distante e, por isso, é importante preservá-los.

▶ Sambaqui no sítio arqueológico de Garopaba do Sul. Jaguaruna, Santa Catarina, 2017. Os sambaquis podem ser encontrados em diversos pontos do litoral brasileiro.

▶ Pinturas rupestres na Gruta do Janelão, Parque Nacional Cavernas do Peruaçu. Januária, Minas Gerais, 2017. Arte rupestre feita provavelmente há 10 mil anos.

1 Existem sítios arqueológicos no estado onde você mora? Em dupla, pesquise e traga o resultado para a sala de aula. Depois de todas as duplas apresentarem as respectivas descobertas, debata com os colegas, em uma roda de conversa, a importância do patrimônio histórico.

Atividades

1. As imagens a seguir mostram alguns exemplos de patrimônio imaterial brasileiro. Relacione a imagem à frase que a explica.

□ A arte *kusiwa* – arte gráfica e pintura corporal – faz parte das tradições do grupo indígena wajãpi. Os desenhos são feitos com tinta extraída de plantas e têm diferentes significados.

□ O modo artesanal de fazer queijo, com leite cru, das regiões da Serra da Canastra e da Serra do Salitre, em Minas Gerais, constitui um conhecimento tradicional da identidade cultural dessas regiões.

□ O modo de fazer renda irlandesa das rendeiras da cidade de Divina Pastora, em Sergipe, é uma tradição cultural local, na qual se trabalha em grupos.

□ Roda de capoeira é um círculo de pessoas reunidas para jogar capoeira, manifestação cultural afro-brasileira que combina luta, música e dança. A capoeira é praticada em quase todo o território nacional.

□ O frevo é parte da tradição musical do Carnaval de Olinda e Recife, em Pernambuco.

CAPÍTULO 4

O tempo e a História

Tempo escolar

Imagine que você e os colegas receberam a missão de criar um novo calendário com base em suas experiências na escola.

Vocês podem criar o mês das provas, o mês das aulas ao ar livre, os meses das férias... São tantas possibilidades!

O professor organizará a turma em grupos e, no final, todos apresentarão seus calendários aos demais colegas.

1 O que foi mais difícil de fazer no calendário de seu grupo?

A contagem do tempo

Estudar a história é conhecer a ação dos seres humanos ao longo do tempo. Por isso, é essencial entendermos alguns de seus principais conceitos: **passado**, **presente** e **futuro**.

Já vimos diferentes formas criadas para medir e organizar o tempo, instrumentos como relógios e calendários. Além de medir horas e dias, as pessoas também medem períodos maiores de tempo:

10 anos = década; 100 anos = século; 1000 anos = milênio.

Você sabe dizer quando começa e quando termina uma década, um século e um milênio? O primeiro século começou no ano 1 e terminou no ano 100.

O século é uma unidade de tempo muito usada em História e, geralmente, é escrito em numeração romana, como século XXI, século V etc. Para saber a que século pertence determinado ano, há duas regras, descritas a seguir.

1. Quando o ano termina em 00 ou 000, tire os dois últimos zeros (00); o numeral que sobrar indica o século. Veja:
    - 1 500 ➡ 15~~00~~, ou seja, século XV (quinze).

2. Quando o ano não termina em 00 ou 000, a regra é tirar os últimos dois algarismos dele e somar 1 ao numeral que sobrar. Veja:
    - 1 989 ➡ 19~~89~~ + 1 = 20, ou seja, século XX (vinte).

Essas periodizações são muito usadas em História e facilitam a localização dos acontecimentos no tempo. O tempo contado e marcado em relógios e calendários é chamado de **tempo cronológico**.

No estudo da História, a contagem do tempo nos permite identificar a data ou o período aproximado de determinado evento. Por exemplo, entre os assuntos abordados neste livro, estão alguns marcos da história da humanidade.

Pense nestas questões: Há quanto tempo as terras que hoje chamamos de Brasil são habitadas? Quando será que os seres humanos desenvolveram formas de cultivar alimentos? Será que as máquinas como conhecemos hoje sempre existiram? Essas e outras questões são investigadas pelos historiadores. Alguns marcos representaram grandes mudanças para a humanidade, não só no tempo em que ocorreram mas até o presente.

Com a possibilidade de datar ou indicar um período, é possível, além de identificar esses marcos, analisar historicamente os acontecimentos que os antecederam ou foram consequência deles. Por isso, para o estudo da História, a cronologia é muito importante.

Para identificarmos momentos no tempo ou medirmos a duração de um acontecimento, a cronologia é necessária, ou seja, o estudo das divisões do tempo e o estabelecimento de datas com base na ordem de ocorrência dos eventos.

O historiador precisa saber qual acontecimento veio antes e qual veio depois. Ele precisa conhecer o tempo de duração de cada período histórico. Assim, a contagem do tempo e o uso do calendário são indispensáveis no estudo da História.

Periodização histórica

Alguns estudiosos do século XIX criaram uma divisão da História em grandes períodos denominados **idades**. Essa divisão usa alguns marcos, momentos em que aconteceram mudanças muito representativas.

PRÉ-HISTÓRIA | IDADE ANTIGA

4000 a.C.
Invenção da escrita

476 d.C.
Queda do Império Romano do Ocidente

IDADE MÉDIA | IDADE MODERNA | IDADE CONTEMPORÂNEA

1453 d.C.
Conquista da cidade de Constantinopla pelos turcos

1789 d.C.
Início da Revolução Francesa

Dias atuais

Essa divisão é chamada de tradicional, por ser uma das mais antigas e utilizadas. No entanto, atualmente é bastante questionada, porque usa como marcos apenas acontecimentos que foram importantes para a Europa, desconsiderando importantes marcos históricos de outras regiões do mundo.

O termo **Pré-História** (antes da História) também é questionado, pois, como veremos adiante, muita coisa aconteceu nesse período. Mesmo sem registros escritos, é possível investigar outros tipos de vestígios e construir hipóteses sobre como os seres humanos viviam.

Direto da fonte

Portinari, o pintor de um tempo

Candido Portinari (1903-1962) foi um pintor brasileiro que retratou bastante o modo de vida do Brasil da primeira metade do século 20 (1901-2000), incluindo até os tipos de brincadeira, como mostra a obra *Futebol*, de 1935.

1. Observe a pintura de Candido Portinari e, no caderno, faça o que se pede.

▶ Cândido Portinari. *Futebol*, 1935. Óleo sobre tela, 97 cm × 130 cm.

a) Descreva a paisagem da imagem.
b) O que as crianças estão fazendo?
c) Quais são os animais retratados? Eles estão presos ou soltos?
d) É um lugar com muitas construções?
e) Esse quadro pode ser considerado uma fonte histórica? Se sim, de que tipo?

Atividades

1 Leia a história em quadrinhos de Calvin e Haroldo e responda às questões.

▶ Tirinha Calvin e Haroldo, publicada pela primeira vez em 1987.

a) Qual é o assunto dessa história em quadrinhos?

_____

_____

b) Se você pudesse viajar no tempo, para que época iria?

_____

_____

c) Como você imagina que será o futuro de nosso planeta?

_____

_____

d) Na história em quadrinhos, por que a cronologia é importante para a viagem de Calvin e Haroldo?

_____

_____

2 Observe as imagens a seguir.

▶ Mulher em 1885. ▶ Mulher em 1952. ▶ Mulher em 2015.

a) Qual é a data de cada imagem?
_____

b) O que está sendo representado nas fotografias?
_____

c) Quais são as diferenças e as semelhanças entre as imagens?
_____
_____

d) As diferenças se referem a questões da sociedade em que as pessoas vivem? Explique.
_____
_____

e) Qual fotografia é mais antiga?
_____

27

Hora da leitura

De onde vêm as histórias? Você já se perguntou isso? A autora Ecléa Bosi responde à pergunta no texto a seguir. Leia-o.

Ao alcance da mão

De onde vêm as histórias? Elas não estão escondidas como um tesouro na gruta de Aladim ou num baú que permaneceu no fundo do mar. Estão perto, ao alcance de sua mão. Você vai descobrir que as pessoas mais simples têm algo surpreendente a nos contar. [...]

É do cotidiano que brota a magia, a brincadeira que vai transformando uma coisa em outra. [...]

Você testemunha grandes e pequenos episódios que estão acontecendo à sua volta. Um dia será chamado a contar a alguém.

Então verá que o tecido das vidas mais comuns é atravessado por um fio dourado: esse fio é a história.

Ecléa Bosi. *Velhos amigos*. São Paulo: Companhia das Letrinhas, 2003. p. 9-10.

1. De acordo com o texto, de onde vêm as histórias?

2. O que faz parte da história de cada pessoa?

3. Se você fosse convidado a contar algum episódio que testemunhou, o que gostaria de contar? Como contaria e a quem?

HISTÓRIA em ação

Preservação de documentos

Arquivos são um conjunto de documentos mantidos por uma pessoa ou por uma organização. O Arquivo Público do Paraná, por exemplo, é mantido pelo governo desse estado e reúne documentos para a preservação da memória dos paranaenses. Outros estados também têm os próprios arquivos.

Os documentos servem de fonte de informação sobre o passado e são importantes para o trabalho do historiador. Mas, por serem geralmente feitos de papel, eles podem estragar-se com o tempo. Por isso os arquivistas, que são os profissionais que trabalham em arquivos, tomam cuidados especiais para preservá-los.

Os documentos se deterioram com mais rapidez sob a ação da luz, do calor e da umidade. Por isso devem ser mantidos em um ambiente fresco, seco e com pouca ou nenhuma luz.

É preciso evitar insetos, roedores e mofo, porque eles também danificam os documentos.

Às vezes os documentos ficam muito estragados e precisam ser recuperados. Esse é um trabalho delicado, que exige muita técnica.

▶ Atividades de restauração de antigos documentos no Departamento de Restauração Artística de Bakhchisaray, Crimeia, 2017.

Atualmente é muito comum a digitalização dos documentos para que eles possam ser consultados em dispositivos como o computador ou o *tablet*.

Revendo o que aprendi

1. Observe as fotografias e preencha o quadro indicando as mudanças e as permanências em cada objeto.

	O QUE MUDOU	O QUE PERMANECE
Telefone		
Automóvel		
Fogão		

2. Explique com suas palavras a importância da cronologia para o estudo da História.

_____

_____

_____

3. Observe as imagens a seguir e classifique as fontes históricas apresentadas.

A B C

_____ _____ _____

D E F

_____ _____ _____

4. Observe as fotografias e, em seguida, faça o que se pede.

▶ Artigos de couro à venda na Feira de Caruaru, Pernambuco.

▶ Acarajé, comida típica do estado da Bahia.

a) O que está representado nessas imagens e por que os elementos retratados são importantes para o Brasil?

b) No caderno, crie uma legenda para cada imagem descrevendo os respectivos tipos de patrimônio brasileiro que elas representam. Se necessário, pesquise para obter mais informações sobre cada patrimônio.

31

Nesta unidade vimos

"Podemos estudar História por meio de diversas fontes: escritas, materiais, iconográficas, audiovisuais e orais."

"A cronologia é importante para datar acontecimentos e medir intervalos de tempo."

"A disciplina de História estuda as mudanças e as permanências ao longo do tempo em diferentes espaços."

Para finalizar, responda:
- O que mudou e o que permaneceu com relação ao telefone representado na imagem de abertura da unidade?
- Como eram os objetos, as construções e as pessoas que estão à sua volta alguns anos atrás?
- Qual é a relação entre a sequência de imagens da abertura da unidade e a compreensão da passagem do tempo?

Para ir mais longe

Livros

▶ **Preservando o patrimônio**, de Maria Helena Martins (Moderna).

"Você já pensou que cada um de nós tem um conjunto de lembranças, de histórias e de objetos que são significativos do nosso modo de ser e de viver? Essa é a herança que deixamos para as gerações futuras". É assim que esse livro se inicia. Ele aborda o tema do patrimônio tanto pessoal como coletivo e a importância disso para nossa vida.

▶ **Qual a história da História?**, de Lílian Lisboa Miranda e Silmara Rascalha Casadei (Cortez).

"O fogo passou a trazer um pouco de iluminação para as noites escuras [...] e permitiu que os alimentos pudessem ser cozidos". Esse e muitos outros acontecimentos são narrados nesse livro com base na curiosidade de um grupo de alunos e professores, que, juntos, procuram entender a história da humanidade.

Sites

▶ **Iphan:** <http://portal.iphan.gov.br/pagina/detalhes/218>.

Nessa página, o Iphan oferece informações sobre o patrimônio cultural do Brasil e o classifica por tipos, entre os quais estão: patrimônio material, imaterial e arqueológico.

▶ **Museu da Pessoa:** <www.museudapessoa.net>.

Nesse *site* você tem acesso à história de pessoas que ali registraram seus depoimentos. Qualquer pessoa pode contribuir com ele deixando seu relato de vida. Ao clicar em Coleções Virtuais, você encontrará histórias contadas em imagens, vídeos ou áudios, de temas variados, como história indígena, de esportes e de famílias.

▶ **Museu do ferro de passar:** <www.museudoferrodepassar.com.br>.

O *site* mostra as transformações pelas quais esse objeto de uso doméstico passou ao longo do tempo. A galeria de imagens dele reúne mais de 500 fotografias.

UNIDADE 2
Os primeiros passos da humanidade

- Todas as pessoas da imagem são iguais?
- A população mundial hoje é bem maior do que era no passado. Explique essa afirmação.
- Como você imagina que as pessoas chegaram a lugares tão distantes e passaram a viver neles?

CAPÍTULO 1 — Os vestígios da humanidade

Vamos criar um fóssil?

Material:
- argila escolar;
- polvilho;
- folha de árvore ou planta ornamental.

Como fazer

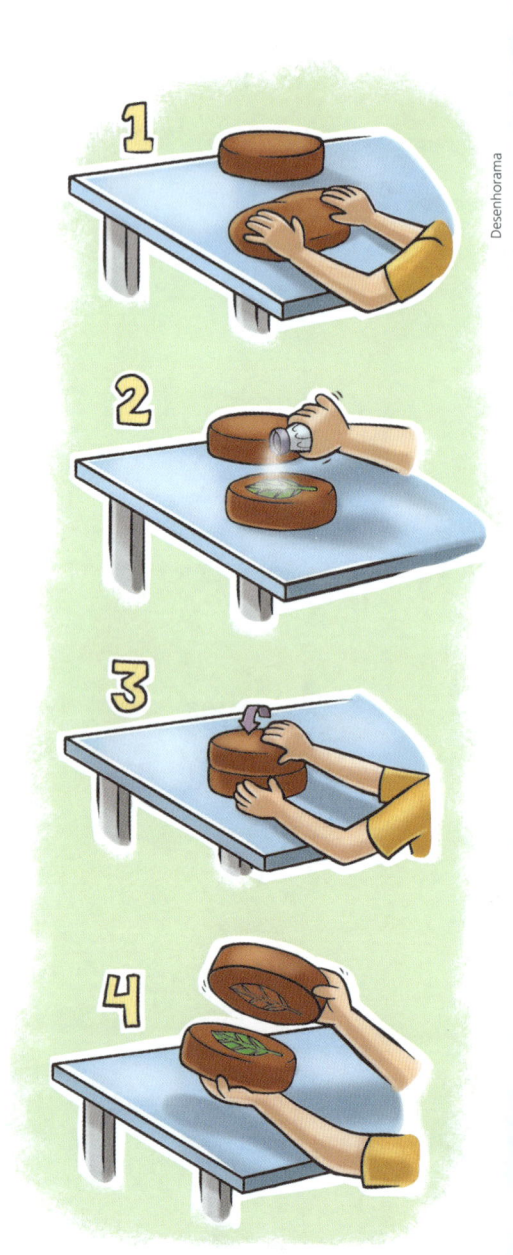

1. Faça duas camadas de argila molhada com cerca de dois dedos de espessura cada uma.

2. Coloque a folha sobre uma das camadas de argila e espalhe um pouco de polvilho sobre ela.

3. Cubra com a outra camada de argila molhada e espere cinco dias para a argila secar.

4. Depois, separe as partes com muito cuidado.

5. Seu **fóssil** está pronto!

Glossário

Fóssil: resto ou molde petrificado de seres vivos que habitaram a Terra em épocas remotas, formado pelo acúmulo de sedimentos ao longo do tempo.

África: berço da humanidade

Os fósseis são vestígios preservados de animais e plantas. Como suas características podem ter sido conservadas por milhares, até milhões, de anos, eles são uma importante fonte de informações para estudarmos os primeiros habitantes de nosso planeta.

Você imagina onde e quando teria começado a história da humanidade?

Há séculos os cientistas buscam respostas a essa pergunta. A hipótese científica mais aceita até este momento é a da evolução humana por meio da seleção natural, chamada teoria evolucionista. Segundo essa teoria, o ser humano atual seria descendente de antepassados muito diferentes, mas que foram evoluindo ao longo de milhões de anos. Isso porque cada geração seria ligeiramente diferente da anterior. Essas mudanças tornaram a espécie gradualmente mais adaptada ao meio em que vive, ou seja, com mais chances de sobrevivência.

Observe algumas dessas mudanças:

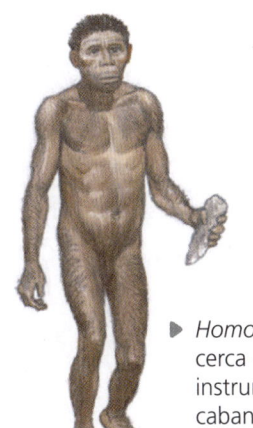

▶ *Homo habilis* – surgiu na África há cerca de 2 milhões de anos. Fazia instrumentos de pedra, construía cabanas e possivelmente desenvolveu linguagem rudimentar.

▶ *Homo erectus* – descendente do *Homo habilis*, surgiu na África há cerca de 1,9 milhão de anos. Fabricava instrumentos de pedra mais sofisticados, cobria-se com pele de animais e alguns deles sabiam utilizar o fogo. Migrou para os locais em que hoje é a Europa e a Ásia.

Do *Homo erectus* descendem outras espécies, como o *Homo neanderthalensis* e o *Homo sapiens*.

▶ *Homo neanderthalensis* – viveu onde hoje é a Europa e parte da Ásia. Fabricava instrumentos de pedra e ossos, construía abrigos e tinha rituais funerários. Foi extinto há cerca de 30 mil anos.

▶ *Homo sapiens* – surgiu há cerca de 200 mil anos na África e migrou para outros lugares. Conviveu com o *Homo neanderthalensis*. É a espécie da qual fazemos parte.

Da África para o mundo

Os pesquisadores estimam que as primeiras migrações ocorreram há aproximadamente 2 milhões de anos e que, há cerca de 50 mil anos, quase todas as regiões do planeta já haviam sido povoadas como resultado das diferentes rotas migratórias.

Observe no mapa **Mundo: expansão humana**, da página 172, os trajetos seguidos pelas levas migratórias dos seres humanos.

É difícil determinar com exatidão as razões que levaram os diferentes grupos a migrar. Entre as hipóteses levantadas pelos cientistas estão as mudanças climáticas e a escassez de alimentos. Imagine, por exemplo, que o frio se tornasse muito intenso e o lugar em que um grupo vivesse fosse coberto de gelo. Então, esse grupo teria de se deslocar para um lugar mais quente a fim de garantir sua sobrevivência.

▶ Representação de população pré-histórica.

Nômades e sedentários

Algumas comunidades do passado eram **nômades**, isto é, não tinham lugar fixo de moradia, e viviam, em geral, da caça e coleta de frutos e raízes. Quando o alimento se esgotava em um local, elas saíam em busca de outro mais favorável a seu modo de vida.

Outras, por sua vez, eram **sedentárias**, isto é, fixavam residência em um local de modo permanente. Em geral, elas viviam da agricultura e da criação de animais – cujas técnicas já dominavam –, além de praticarem a caça e a coleta.

Havia ainda grupos **seminômades**, que permaneciam em um local durante longo tempo e depois migravam para outros lugares. Se praticavam agricultura, podiam levar com eles mudas e sementes.

É importante notar que as migrações podem causar grandes mudanças nos locais de destino. Fixando-se em determinado lugar, um povo pode precisar desmatar a floresta para a produção de alimentos, fazer construções e abrir estradas, por exemplo. É uma característica das sociedades humanas transformar o meio em que vivem de acordo com suas necessidades e seu modo de vida.

Os primeiros seres humanos na América

Os seres humanos surgiram na África e de lá, em um processo que durou milhares de anos, ocuparam diversas regiões do planeta; entre elas, as terras que hoje chamamos de América. Os pesquisadores trabalham com três grandes teorias sobre o povoamento desse continente.

De acordo com a primeira, grupos humanos teriam chegado ao continente americano pelo Estreito de Bering. Atualmente o Estreito de Bering é uma pequena parte do oceano que separa a Rússia do Alasca; mas estima-se que no passado, há mais de 11 mil anos, o nível do mar teria baixado, fazendo **emergir** um caminho terrestre, que ligava a Ásia ao continente americano, por onde grupos humanos teriam feito a travessia do Alasca.

Uma segunda teoria afirma que alguns grupos saíram da Ásia e passaram por ilhas do Oceano Pacífico até chegar à América. Há 12 mil anos, eles teriam chegado à costa oeste da América do Sul, onde hoje é o Chile.

De acordo com uma terceira teoria, a América teria sido povoada por povos vindos de onde hoje é a Austrália, há 6 mil anos, e mais tarde da **Melanésia**.

É importante observar que uma teoria não invalida a outra. A América pode ter sido alcançada por diferentes grupos, de diferentes lugares, em diferentes épocas.

O povoamento da América causou importantes mudanças no meio ambiente, como a domesticação de espécies animais e vegetais. Plantas como o milho e a mandioca, por exemplo, foram sendo adaptadas para o consumo humano ao longo de milhares de anos.

Glossário

Emergir: sair da água; vir à tona.

Melanésia: região da Oceania que inclui os territórios das Ilhas Molucas, Nova Guiné, Ilhas Salomão, Vanuatu, Nova Caledônia e Fiji.

▶ Muitos cientistas acreditam que, no passado, o milho era semelhante ao teosinto, uma espécie de capim. Por causa da atividade agrícola, ele foi lentamente se transformando até atingir o aspecto atual.

Um pouco mais sobre

Os primeiros habitantes do Brasil

Não se sabe ao certo quando e como as terras que atualmente formam o Brasil foram ocupadas. Há pesquisadores que estimam que a ocupação ocorreu há mais de 30 mil anos.

Os estudos arqueológicos no Brasil começaram a partir de 1835, com o pesquisador dinamarquês Peter Wilhelm Lund. Em 1843, ele descobriu ossadas humanas na região de Lagoa Santa, em Minas Gerais. Essas ossadas foram os primeiros fósseis humanos descobertos em nosso país. Novas pesquisas realizadas na década de 1970 provaram, com uso de técnicas de datação, que os esqueletos dessa região datam de mais de 12 mil anos.

Também foram identificados nessa região muitos vestígios, incluindo ferramentas, cerâmicas, restos de alimentos e de fogueiras, pinturas rupestres e outras marcas da presença humana.

O povo de Lagoa Santa

Em 1975, na região de Lagoa Santa (MG), foi encontrado um crânio que é um dos mais antigos fósseis humanos da América. Após estudos, constatou-se que o crânio era de uma mulher, que foi chamada de Luzia pelos pesquisadores que a encontraram. Ela media cerca de 1,50 metro de altura e estima-se que tinha pouco mais de 20 anos ao morrer. Luzia não havia sido enterrada; seu corpo permaneceu praticamente no mesmo local por cerca de 11 500 anos e, durante esse tempo, foi soterrado por aproximadamente 13 metros de rochas e terra.

O exame da arcada dentária de Luzia constatou que, no grupo ao qual pertencia, havia mais coletores do que caçadores, pois ela consumia pouca carne.

▶ Reconstrução do rosto de Luzia. O crânio estava exposto no Museu Nacional no Rio de Janeiro e grande parte dele foi danificada no incêndio de 2018.

Os vestígios da Serra da Capivara

Na região do atual estado do Piauí, estudos feitos pela arqueóloga Nième Guidon indicam que o local pode ter sido habitado por seres humanos entre 33 mil e 58 mil anos atrás.

A comprovação dessa hipótese demonstra que as terras que hoje formam o Brasil foram ocupadas há muito mais tempo do que se imaginava.

Na região do atual Parque Nacional da Serra da Capivara (localizado no município de São Raimundo Nonato, Piauí), há centenas de sítios arqueológicos, nos quais foram encontrados diversos vestígios de que seres humanos viveram na região, como restos de fogueiras, cerâmicas, instrumentos de pedra e pinturas rupestres.

Por causa da importância dessas descobertas, esse sítio arqueológico foi declarado, em 1991, Patrimônio Cultural da Humanidade. Nesse e em outros sítios, é possível encontrar informações e reconstituir como ocorreu a ocupação do território que hoje forma o Brasil.

▶ Pintura rupestre do sítio arqueológico Toca do Boqueirão da Pedra Furada, em São Raimundo Nonato, Piauí.

1 Qual é a importância dos vestígios arqueológicos já encontrados no Brasil?

_____

_____

2 Em sua opinião, o que os elementos da pintura representam? Converse com os colegas e o professor sobre suas impressões.

_____

_____

Atividades

1. Complete o quadro com as informações sobre os prováveis ancestrais humanos.

	ONDE VIVIA	ÉPOCA EM QUE VIVEU	PRINCIPAIS CARACTERÍSTICAS
Homo habilis			
Homo erectus			
Homo neanderthalensis			

2. No caderno, explique o significado das palavras a seguir.
   a) nômade
   b) sedentário
   c) seminômade

3. No caderno, explique o que a Teoria do Estreito de Bering afirma sobre o povoamento da América.

4. Observe o mapa da página 172. O que podemos concluir sobre a expansão humana?

5 Observe as imagens e, em seguida, responda às questões.

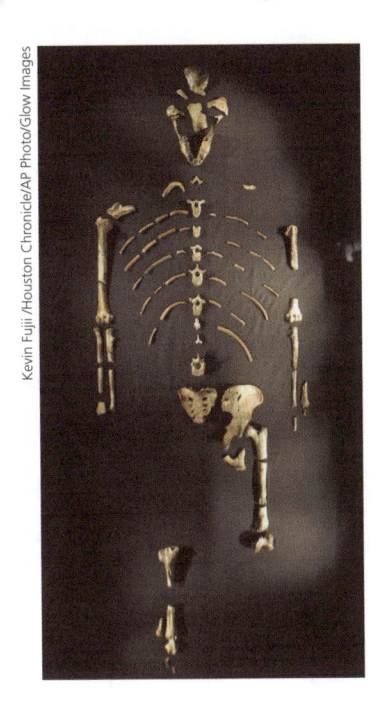

▶ Ossos fossilizados de 3,2 milhões de anos, pertencentes a Lucy, encontrada na Etiópia, África. Museu de Ciência Natural em Houston, Texas, Estados Unidos.

▶ Reconstrução do espécime de *Australopithecus afarensis* (Lucy). Daynes Studio, Paris, França.

a) Qual é a importância de descobertas como essa para a história da humanidade?

_____
_____
_____

b) Que informações sobre a história da humanidade foram reveladas com essa descoberta?

_____
_____
_____

c) É possível afirmar que já se sabe tudo sobre o surgimento do ser humano e sua dispersão pelo planeta?

_____
_____
_____
_____

43

CAPÍTULO 2
As comunidades na Pré-História

Uma cena da Pré-História

Que tal representar o que você aprendeu até agora usando uma técnica semelhante à da arte rupestre?

Material:
- papelão;
- guache;
- cola;
- papel *kraft*;
- esponja;
- pincel fino.

Como fazer

1. Amasse o papel *kraft* e cole-o no papelão.

2. Coloque guache na esponja e passe pela borda do papel *kraft*.

3. Passe guache por toda a palma da mão e carimbe-a no papelão.

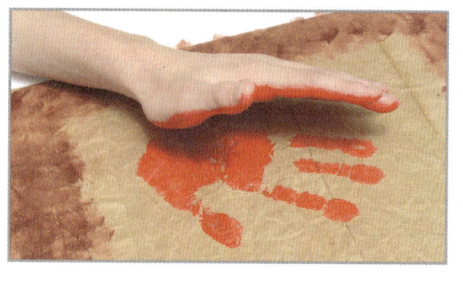

4. Com o pincel, pinte pessoas e animais.

Fotografias: Fernando Favoretto

Os primeiros grupos humanos

Ao longo de milhares de anos, os *homo sapiens* vêm passando por modificações físicas e culturais.

No decorrer desse tempo, os humanos desenvolveram a linguagem, ocuparam espaços, adaptando-se às condições climáticas, aprenderam a usar os recursos da natureza para atender às suas necessidades e assim criaram diferentes modos de viver.

Para sobreviver aos variados espaços físicos e climas, os seres humanos desenvolveram diferentes formas de obter alimentos, construir abrigos, vestir-se e fazer ferramentas e utensílios para o uso cotidiano.

▶ Interior de cabana pré-histórica no assentamento de Skara Brae, Orkney, Escócia. Na imagem podemos observar a lareira no centro, camas feitas de pedra nos lados esquerdo e direito e uma cômoda de pedra na parede à frente.

O período histórico que se estende desde o aparecimento dos primeiros seres humanos até o momento em que eles desenvolveram a escrita é chamado de **Pré-História**.

As fontes de pesquisa desse período são principalmente os vestígios materiais encontrados nas escavações e explorações de áreas habitadas por nossos antepassados, como esqueletos humanos, ossadas de animais, restos de fogueira, pinturas rupestres e instrumentos de pedra.

A tecnologia na Pré-História

Diante dos desafios a serem enfrentados para a sobrevivência, diversos grupos humanos na Pré-História, em diferentes épocas e locais, desenvolveram ferramentas com pedras, madeira, fibras de plantas, ossos, chifres, dentes e pele de animais.

Com esses e outros materiais que estivessem disponíveis, eles fabricavam instrumentos com os quais podiam caçar, pescar, preparar a pele de animais para se vestir ou construir tendas, além de se defender e armazenar produtos e líquidos.

Nesse período também foram descobertos meios de produzir e conservar o fogo.

> Todo processo que envolve conhecimento técnico e aplicação desse conhecimento é chamado de tecnologia. Sendo assim, os seres humanos, desde sua origem, desenvolvem e usam a tecnologia para sua sobrevivência.

O desenvolvimento desses conhecimentos exigiu planejamento, organização, divisão do trabalho e troca de informações. Os vestígios materiais dão indícios de como esses grupos humanos viviam e se organizavam. Pontas de flechas e lanças são pistas de que caçavam animais. Restos de fogueiras indicam que dominavam o uso do fogo.

O uso do fogo foi essencial para mudanças no modo de vida dos antigos seres humanos. Aprender a utilizá-lo possibilitou, além do aquecimento, o cozimento de alimentos, a defesa contra o ataque de animais e a iluminação da escuridão da noite. Isso provocou grandes mudanças nos hábitos de nossos antepassados.

Ao viver em grupos e dividir os espaços coletivamente, os seres humanos foram transformando a si e ao meio natural, e encontraram novas formas de usar a natureza a seu favor.

As culturas dos seres humanos

O desenvolvimento da linguagem e outros modos de comunicação estão entre as formas humanas de partilhar conhecimentos, experiências e sentimentos.

Esta é a grande diferenciação dos seres humanos para os outros animais: a cultura.

> Cultura refere-se ao modo de vida de uma sociedade em todos os seus aspectos, como linguagem, ideias, crenças, organização, instituições, costumes, leis, técnicas, instrumentos, entre outros. Assim, a música, o esporte, o trabalho e a língua são exemplos de manifestações culturais.

A cultura faz parte de tudo o que foi criado pelos seres humanos, portanto é o resultado de seu trabalho e de seus pensamentos. E, por meio da linguagem, os humanos são capazes de transmiti-la de uma geração a outra.

O desenvolvimento da linguagem não está relacionado apenas à fala e à escrita, mas também a outras formas de comunicação ou representação, como as diferentes formas de expressão artística. Pintura, desenho, música e escultura estão entre os modos de comunicar ou representar algo do mundo em que vivemos.

A linguagem desenvolvida pelos humanos foi muito importante para a interação, para a organização de tarefas e de trabalho e para encontrar meios de viver em grupo.

▶ As pinturas encontradas nas paredes das cavernas, atualmente chamadas de rupestres, eram também um meio de comunicação. Muitas delas retratavam aspectos do lugar em que as pessoas viviam.

+ Um pouco mais sobre

O domínio das técnicas agrícolas

Muitos alimentos que consumimos diariamente são produzidos no campo por meio da agricultura. Atualmente é possível encontrar tipos diferentes de alimentos mesmo em regiões das quais eles não sejam típicos.

No entanto, há mais de 10 mil anos, quando os seres humanos dominaram as técnicas agrícolas, as plantas e animais com os quais eles tinham contato eram nativas da região em que eles habitavam ou escolhiam viver.

O domínio das técnicas agrícolas ocorreu provavelmente por meio da observação da natureza. Ao notar que as sementes coletadas que caíam no chão germinavam e originavam novas plantas, os humanos perceberam que era possível cultivá-las.

O domínio das técnicas agrícolas proporcionou mais e melhores chances de sobrevivência aos grupos humanos. Além disso, aumentou a oferta de alimentos e resultou em mudanças significativas na organização social, como é possível observar na ilustração a seguir, que representa essas mudanças.

▶ Representação de comunidade nômade praticando agricultura.

As mudanças no espaço

O processo iniciado com o desenvolvimento da agricultura proporcionou grandes mudanças no modo de vida dos grupos humanos em diversas partes do mundo.

Os seres humanos estabeleceram novas relações com o meio ambiente e, assim, começaram a viver mais tempo em determinados espaços mais propícios para as plantações.

As áreas de plantio se tornaram locais de moradia mais permanentes do que os abrigos construídos por grupos nômades. Por isso, o processo desencadeado pelo desenvolvimento da agricultura é associado também ao processo de sedentarização dos seres humanos.

Com essa alteração no modo de vida, os seres humanos passaram a construir abrigos e moradias com material mais resistente e durável, como pedras, argila socada, entre outros.

O domínio das técnicas de criação

O plantio de alimentos pelos grupos humanos atraía alguns animais, que começaram a viver próximo às áreas de cultivo. Esses animais foram domesticados e passaram a auxiliar os seres humanos em diversas funções, como na locomoção, na agricultura, na criação de outros animais e na caça, servindo ainda como fonte de alimentos.

▶ Representação de comunidade que praticava agricultura e criava animais.

Manter esses animais vivos e próximos dos agrupamentos humanos rendia reserva de alimentos, de lã e de peles, úteis à sobrevivência humana.

O desenvolvimento de técnicas de criação de animais fez parte de um lento processo, que durou milhares de anos. Nesse processo, a procriação garantia a multiplicação das crias.

Cada agrupamento humano criou diferentes formas de sobrevivência. O desenvolvimento dessas técnicas ocorreu de modo e em ritmo distintos nas diversas regiões habitadas pelos seres humanos. As plantas e os animais domesticados também variavam de acordo com o espaço e o clima de cada lugar.

A expansão da agricultura causou e ainda causa muitas mudanças no meio ambiente. A necessidade de terras para o cultivo e pastoreio tem levado ao desmatamento de florestas e, consequentemente, a mudanças climáticas. Além disso, o cultivo de um mesmo produto muitas vezes favorece o aumento de algumas pragas na lavoura.

1 Qual é a importância do desenvolvimento das atividades citadas para os seres humanos daquele período?

_____

_____

2 Essas atividades são importantes em nosso cotidiano? Explique.

_____

_____

#Digital

Podcast

Você já ouviu falar em *podcast*?

Podcast é um meio de transmitir informações, assim como a televisão, o rádio, o jornal e as pinturas rupestres encontradas pelo mundo, mas que utiliza arquivos multimídia na internet. É parecido com um *blog*, só que nele as pessoas falam.

É um meio para tratar dos mais diversos assuntos, como política, contar histórias, discutir futebol, comentar filmes, *games* etc.

É possível disponibilizar um *podcast* para ser baixado e ouvido a qualquer hora ou, então, ouvi-lo no navegador da internet.

▶ Pessoas gravando um *podcast*.

Quando você acessar um *site* e encontrar um ícone como este ao lado, significa que pode haver *podcasts* para ouvir.

Para ouvir alguns *podcasts*, acesse o *site*: <www.ebc.com.br/podcast> (acesso em: 29 maio 2019) e aproveite!

1. Após ouvir os *podcasts*, elabore no caderno um texto sobre eles. Lembre-se de mencionar aquele de que mais gostou. Depois, o professor promoverá uma conversa com toda a turma.

Atividades

1. Observe as imagens e, em seguida, preencha o quadro com as informações sobre cada objeto.

1 Ponta de flecha de rocha.

2 Cabeça de machado de rocha.

3 Flauta de osso.

	OBJETO 1	OBJETO 2	OBJETO 3
Possíveis usos			
Material utilizado para confecção			
Objetos similares atuais			

2 Para obter alimentos e conseguir sobreviver, os primeiros grupos humanos modificavam o ambiente natural?

3 Leia o texto a seguir e, depois, responda às perguntas.

É amplamente reconhecida a importância de promover e proteger a memória e as manifestações culturais representadas, em todo o mundo, por monumentos, sítios históricos e paisagens culturais. Mas não só de aspectos físicos se constitui a cultura de um povo. Há muito mais, contido nas tradições, no folclore, nos saberes, nas línguas, nas festas e em diversos outros aspectos e manifestações, transmitidos oral ou gestualmente, recriados coletivamente e modificados ao longo do tempo. A essa porção imaterial da herança cultural dos povos, dá-se o nome de patrimônio cultural imaterial.

Patrimônio Cultural Imaterial. *Unesco*. Disponível em: <www.unesco.org/new/pt/brasilia/culture/world-heritage/intangible-heritage>. Acesso em: 8 abr. 2019.

a) O que faz parte da cultura de um povo?

_____

_____

b) O que faz parte da cultura imaterial?

_____

_____

_____

4 Existem diferentes tipos de manifestações culturais. Pense no local onde você mora e cite exemplos de cultura material e imaterial.

5 Imagine que você é um jornalista e vai criar um texto para noticiar os principais pontos trabalhados neste capítulo e como cada um deles alterou a vida dos seres humanos.

Você pode usar desenhos e fotografias para ilustrar sua reportagem sobre os tópicos a seguir:

- desenvolvimento da tecnologia;
- desenvolvimento da linguagem;
- domínio das técnicas agrícolas;
- domínio das técnicas de criação de animais.

CAPÍTULO 3

O mundo em movimento

A cidade em uma imagem

Que tal montarmos uma exposição com imagens que representem sua cidade?

1. Faça um desenho ou uma pintura em uma folha A4, no tamanho de 10 cm por 16 cm, que represente sua cidade.

2. Siga o passo a passo abaixo.

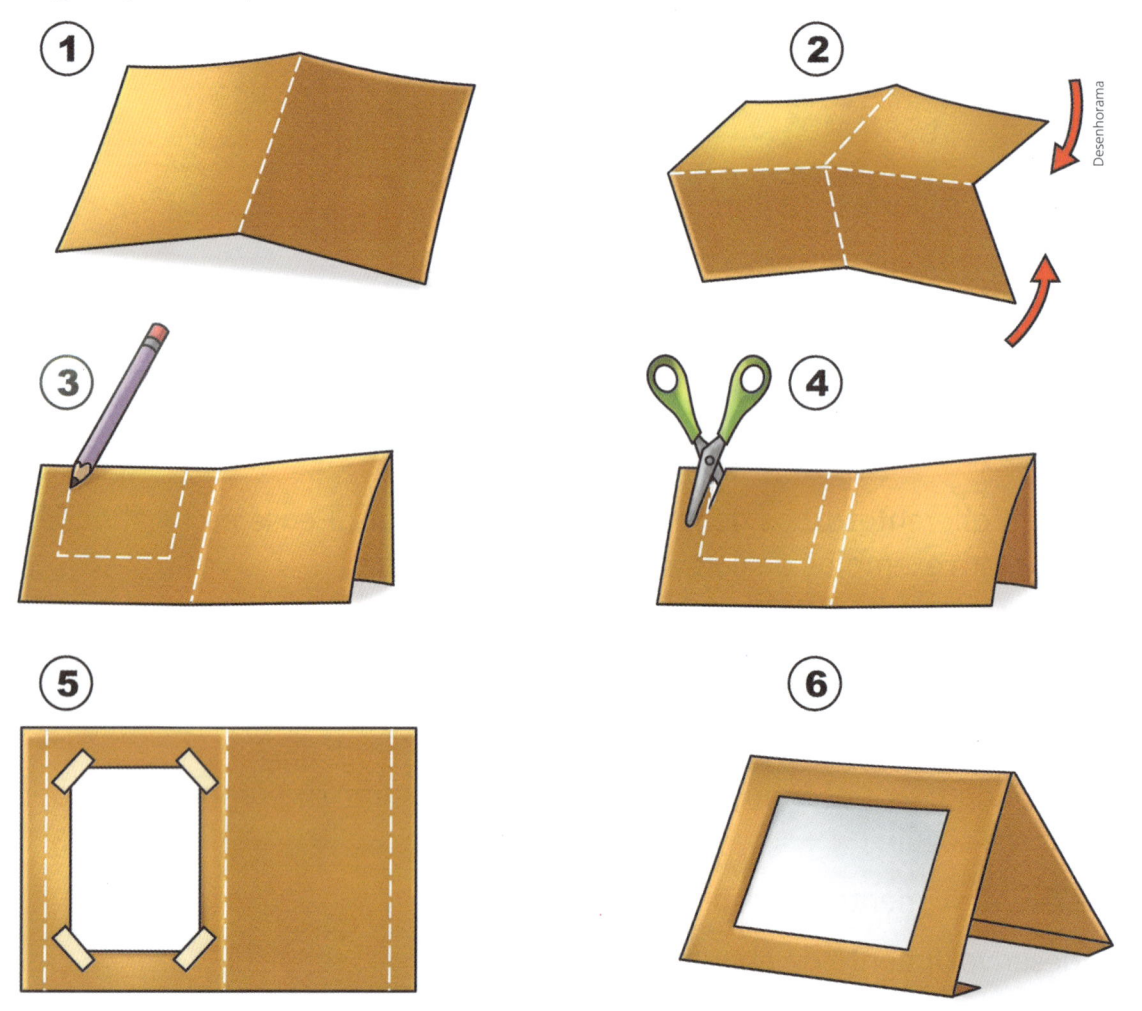

Desenhorama

3. Siga as orientações do professor para organizar a exposição e convide colegas de outras turmas da escola para visitarem-na.

A formação e o desenvolvimento das cidades

Atualmente a palavra **cidade** é usada para se referir a algumas partes do município, como a sede municipal e as áreas urbanas.

Há cidades grandes e pequenas; cada uma com características próprias. Entretanto, as cidades contemporâneas também têm aspectos em comum, como a concentração de residências, comércio e serviços, que as distingue das áreas rurais.

As cidades podem surgir e se desenvolver por diversos motivos.

As primeiras cidades de que se tem informações surgiram do processo de sedentarização que se seguiu ao desenvolvimento da agricultura.

Os seres humanos sedentarizados começaram a organizar os agrupamentos em aldeias. Algumas delas cresceram em número de habitantes e passaram a influenciar as demais, formando-se as primeiras cidades.

Algumas delas surgiram na **Mesopotâmia**. Há cerca de 6 mil anos, já havia uma grande concentração de cidades nessa região.

As primeiras cidades da Mesopotâmia passaram por diversas transformações. Elas atraíam pessoas de diferentes povos, que passaram a viver na região, contribuindo culturalmente para a população local.

As técnicas de produção agrícola e de controle das cheias dos rios tornaram-se bastante conhecidas e foram aprimoradas por esses povos, de modo a atender às características da região.

Em algumas áreas, especialmente onde as chuvas eram mais irregulares, foram abertos **canais de irrigação** e **aquedutos** para transportar a água de rios e lagos. Por serem regadas com mais frequência, as áreas de cultivo expandiram-se, possibilitando o crescimento das cidades da Mesopotâmia.

Glossário

Aqueduto: grande construção suspensa ou subterrânea de canais condutores de água.

Canal de irrigação: valeta escavada no chão que transportava as águas coletadas de um rio ou lago até os campos de cultivo.

Mesopotâmia: região localizada no continente asiático, entre os rios Tigre e Eufrates, no atual Iraque.

As primeiras cidades se formaram perto dos rios. A água transbordava na época das cheias e as margens dos rios ficavam cobertas de adubos naturais, que fertilizavam o solo, deixando a terra própria para plantio. A proximidade das cidades com os rios também fez prosperar a criação de animais, cujos rebanhos também tinham água garantida.

▶ Ilustração que representa o método assírio de irrigação.

Faziam parte das novidades tecnológicas dos mesopotâmios, nas áreas destinadas à agricultura, o desenvolvimento e o uso de ferramentas mais eficientes, como **arados** e carroças puxados por força animal.

> **Glossário**
>
> **Arado:** tipo de ferramenta agrícola com a qual se revolve a terra, facilitando a plantação das sementes e a penetração da água.

Esse conjunto de transformações proporcionou também a divisão do trabalho. Assim, o número necessário de pessoas para realizar algumas das tarefas agrícolas e pastoris diminuiu, de modo que parte da população passou a se dedicar a outras atividades na cidade.

O desenvolvimento tecnológico na agricultura possibilitou a muitos moradores das cidades se especializar em diferentes produtos e serviços. Ceramistas, tecelões e carpinteiros foram algumas das ocupações criadas nas cidades em expansão.

Desenvolvimento do comércio e da escrita

Com o aprimoramento das técnicas de agricultura e de uso da água dos rios, as colheitas passaram a exceder as necessidades das aldeias. O que sobrava era armazenado para períodos de escassez e para ser trocado entre diferentes produtores. Ferramentas, sal, peles, madeiras e outros produtos também eram utilizados nas trocas.

Inicialmente as trocas eram feitas entre os produtores. O aumento do volume e da diversificação dos produtos trocados é parte do processo de sofisticação da relação de trocas, que passou a ser intermediada por um novo personagem: o comerciante.

Ao longo da história, os comerciantes têm exercido um papel importante no surgimento e desenvolvimento das cidades. Nas sociedades antigas, a principal atividade econômica era a agricultura e, por isso, a maioria das pessoas vivia no meio rural. Assim, as cidades cresciam geralmente no cruzamento de caminhos, tornando-se locais de troca de produtos.

O controle da quantidade de produtos trocados e o estabelecimento dos valores dessas trocas estão entre os motivos que levaram algumas aldeias a desenvolver sistemas de contagem, de medidas e também algumas formas de escrita.

No comércio, a escrita era utilizada para registrar as transações de compra e venda dos produtos, as cidades a serem visitadas e as rotas utilizadas para chegar a determinado destino.

Ao longo dos séculos, os povos foram alterando e aperfeiçoando a forma de escrever e registrar informações. Os fenícios, por exemplo, há cerca de 3 200 anos criaram um tipo de alfabeto baseado nos sons da fala, ou seja, fonético. Por ser mais simplificado, esse alfabeto agilizava a comunicação e facilitava o trabalho dos comerciantes e navegadores.

▶ Tábua de argila com escrita suméria, utilizada para contabilizar os números de cabras e ovelhas, c. 2350 a.C.

Comércio e expansão de fronteiras

Desde o surgimento das aldeias, na Pré-História, os grupos humanos buscaram tornar os espaços **autossuficientes** na produção de itens essenciais para a vida da população local. Ainda assim, as aldeias não eram necessariamente isoladas. Os povos do passado relacionavam-se uns com os outros por diversos motivos, e um deles era para estabelecer relações de troca. Nascia, assim, o **comércio**.

A intensidade das trocas comerciais variava de um lugar para outro. Alguns povos da Antiguidade, como os **fenícios**, tinham como principal atividade o comércio. Eles estabeleceram uma rede comercial por todo o Mar Mediterrâneo, como podemos observar no mapa da página 174 (Rotas comerciais dos fenícios). Muitos estudiosos consideram os fenícios os grandes mercadores daquele período.

A dinâmica comercial, portanto, diferenciou-se de acordo com o período histórico e as regiões. Entre os séculos V e XV, algumas regiões da Europa eram completamente rurais, e a maioria das pessoas vivia no campo, em territórios isolados chamados feudos, nos quais produziam quase tudo de que necessitavam.

Ao final desse período aumentou o intercâmbio entre os europeus e outros povos, principalmente por causa do desenvolvimento da navegação marítima. Essa mudança levou à expansão da atividade comercial europeia.

Glossário

Autossuficiente: que tem quantidade suficiente ou satisfatória para o próprio consumo, que não precisa buscar produtos ou matérias-primas em outro lugar.

Fenícios: povo que a partir de 3000 a.C. estabeleceu-se em uma região da costa do Mar Mediterrâneo, posteriormente chamada Fenícia (hoje a região corresponde a parte da Síria, Israel e Líbano).

▶ *Março: camponeses no trabalho em uma propriedade feudal*, do livro *As mui ricas horas do duque de Berry*, século XV. Nos feudos, o comércio era bastante reduzido e em alguns casos nem existia, já que a maioria deles era autossuficiente.

A partir do século XI, com o aumento da produção agrícola graças às melhorias tecnológicas empregadas no cultivo, a população aumentou e o comércio se fortaleceu, porque os excedentes agrícolas passaram a ser comprados e vendidos.

Devido à intensificação comercial, muitas cidades começaram a cunhar moedas para facilitar as trocas. As regiões de Florença e Veneza, atuais cidades italianas, foram pioneiras na criação dessas moedas, que também eram usadas e aceitas fora de seus limites territoriais.

O desenvolvimento comercial colaborou para a origem de feiras fixas ou **itinerantes**, nas quais comerciantes se encontravam para vender produtos. As feiras mais populares desse período eram a de Champanhe, na França, e a de Flandres, local correspondente ao atual território da Bélgica.

Alguns dos produtos comercializados nas feiras eram trazidos de regiões distantes, como os tecidos de seda e as **especiarias** do **Oriente**, que além de serem muito apreciados garantiam bons lucros aos comerciantes. As rotas comerciais mostradas no mapa da página 174 (Rotas e feiras medievais) eram os caminhos utilizados principalmente por mercadores de Gênova e Veneza para levar os produtos do Oriente até a Europa.

Glossário

Especiarias: temperos de origem vegetal – como cravo-da-índia, canela, anis-estrelado, gengibre, noz-moscada e pimenta-do-reino – utilizados como remédio e para conservar alimentos.

Itinerante: algo ou alguém que se desloca de um lugar para outro.

Oriente: região correspondente aos países do sul e do leste da Ásia, incluindo Índia, China e Japão.

▶ Feira medieval no século XIII, s.d.

A expansão do comércio envolveu o deslocamento de pessoas e de mercadorias por longas distâncias, o que possibilitou o surgimento de diferentes rotas, além da origem e do crescimento de várias cidades.

Pesquisa histórica

Vamos conhecer um pouco a cidade onde está localizada a escola?

1. Faça uma pesquisa para responder às questões a seguir.
   a) De que maneira a cidade foi fundada?
   b) Quem foram os primeiros habitantes locais?
   c) Qual é a data de fundação da cidade?
   d) Como foi escolhido o nome dela?
   e) Quais são os principais povos que contribuíram para a formação da população local?
   f) Quais são as principais atividades econômicas e culturais da região?

Você pode buscar informações em *sites*, livros, bancos de dados na internet e também entrevistar moradores ou pesquisadores locais. Traga o resultado para a sala de aula e compartilhe com os colegas e o professor. Busquem perceber, juntos, as características que identificam sua cidade.

Atividades

1 Relacione os motivos que levaram à expansão das cidades há mais de 4 mil anos.

_____

_____

2 De que modo o comércio contribuiu para o crescimento das cidades?

_____

_____

3 Observe as imagens a seguir e faça o que se pede.

▶ Relevo babilônico em terracota que mostra um carpinteiro trabalhando, c. 2000 a.C.

▶ Estela funerária síria que mostra um comerciante carregando uma balança para pesagem de metais, c. 800 a.C.

a) Quais são as atividades econômicas representadas em cada imagem?

_____

b) De que maneira essas formas de trabalho se relacionam com a expansão das primeiras cidades?

_____

_____

_____

4 O Grande Bazar, localizado em Istambul, uma importante cidade da Turquia, é provavelmente o maior e um dos mais antigos mercados cobertos do mundo. Construído no século XV, tem mais de 3 mil lojas de todos os tipos espalhadas por seus corredores. Observe as fotografias desse mercado e faça o que se pede:

▶ Pessoas observam algumas das lojas do Grande Bazar de Istambul, Turquia, 2015.

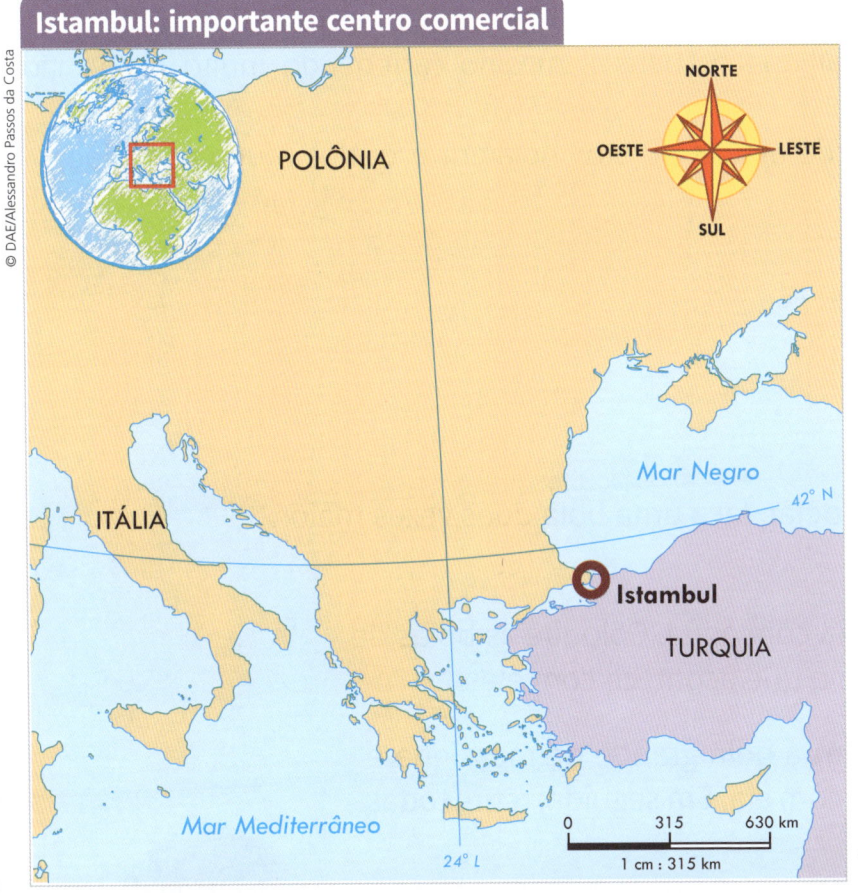

Istambul: importante centro comercial

Fonte: Vera Caldini e Leda Ísola. *Atlas geográfico*. São Paulo: Saraiva, 2013. p. 112.

a) Escreva uma frase sobre a relação entre a quantidade de pessoas e a variedade de produtos oferecidos para o desenvolvimento do comércio.

_____

_____

b) Observe o mapa com a localização de Istambul. Você considera que ela facilita o comércio? Por quê?

_____

_____

59

CAPÍTULO 4
O mundo em expansão

A arte de navegar

Você já se perguntou por que os barcos, mesmo carregando muito peso, não afundam?

Para descobrir o motivo de alguns objetos boiarem e outros afundarem, faça a experiência a seguir.

Material:
- um balde ou bacia grande;
- duas bolinhas de gude;
- massinha de modelar.

Como fazer

1. Com a massinha de modelar, faça uma bola duas vezes maior que a bola de gude.

2. Encha o balde ou a bacia com água. Coloque as bolas de gude na água e observe o que acontece com elas.

3. Faça a mesma coisa com a bola grande de massinha e observe o que acontece com ela. Em seguida, retire todas as bolas da água.

4. Modele a bola de massinha para que ela fique parecida com um círculo côncavo, como um barco.

5. Coloque o barco de massinha na água e veja o que acontece.

6. Retire o barco da água, coloque as bolinhas de gude dentro dele e devolva-o à água. Observe o que acontece.

7. Você sabe por que o barco não afundou? Elabore hipóteses.

As viagens marítimas

Até os séculos XIV e XV, a maioria dos povos que habitava a região hoje denominada continente europeu conhecia o mundo apenas por meio dos relatos de comerciantes e viajantes. Ao retornar com mercadorias, esses viajantes traziam novos conhecimentos e curiosidades.

Nesse período, as viagens e o comércio aconteciam principalmente por rotas terrestres e fluviais. Apenas poucas vezes ocorriam por rotas marítimas, via Mar Mediterrâneo, bem próximo da costa (atividade chamada navegação costeira ou de cabotagem), como pode ser observado no mapa da página 174 (Rotas e feiras medievais).

Observando o mapa podemos perceber que o contato dos europeus com outros povos era restrito a algumas regiões da Ásia (Oriente) e do norte da África.

Os genoveses e os venezianos compravam produtos de comerciantes árabes em Constantinopla, atual cidade de Istambul, na Turquia, e os revendiam em portos e feiras de algumas regiões da Europa.

No século XV, os reinos de Portugal e Espanha, entre outros, deram início à Expansão Marítima europeia e isso mudou o conhecimento que se tinha do mundo. Por meio de novas rotas de navegação e comércio inauguradas nessa época, povos que desconheciam a existência uns dos outros foram conectados.

▶ *Porto de Lisboa.* Gravura de Theodore de Bry.

Os primeiros a explorar novas rotas marítimas foram os portugueses. Eles começaram pela costa do continente africano, onde estabeleceram postos comerciais – as feitorias – e passaram a comercializar, sem intermediários, produtos como marfim, ouro e especiarias, entre elas a pimenta-malagueta. Eles também passaram a adquirir artigos de luxo, como perfumes, tecidos e especiarias de povos de regiões da Ásia.

A cidade portuguesa de Lisboa, atual capital de Portugal, situada à beira-mar, era de onde partiam as expedições marítimas para terras distantes. Essa cidade tornou-se um importante centro comercial, em cujo porto navegadores e comerciantes se encontravam para comercializar vinhos e azeites portugueses, além de mercadorias vindas de vários lugares da Europa, África e Ásia.

> A Expansão Marítima europeia, ocorrida entre os séculos XV e XVI, foi um grande empreendimento comercial em que Portugal e Espanha se destacaram.
>
> Envolveu, entre outras questões, fatores econômicos, como a busca de novos produtos e novos mercados. Observe as principais rotas no mapa da página 173.

O comércio português

Em busca de uma nova rota marítima, em 1500 os portugueses chegaram pela primeira vez às terras que mais tarde seriam chamadas de Brasil, no atual continente americano.

Alguns anos antes, em 1492, os espanhóis, em uma viagem sob o comando de Cristóvão Colombo, já haviam chegado a esse continente, na região atual das Bahamas, no Mar do Caribe.

A viagem portuguesa contava com uma esquadra composta de 13 navios, comandada por Pedro Álvares Cabral. Eles saíram de Portugal em direção às Índias, na Ásia, e num desvio da rota original chegaram à região onde hoje está localizada a cidade de Porto Seguro, na Bahia.

Essa nova terra era habitada por indígenas de diferentes grupos. Desde os primeiros contatos, ainda nos anos iniciais de exploração, os portugueses procuraram se informar se havia algo de valor comercial por lá. Inicialmente, porém, não encontraram metais nem pedras preciosas, então começaram a explorar o pau-brasil, uma madeira de cor avermelhada utilizada na fabricação de corantes para tingir tecidos, muito valorizada nos reinos europeus. Para cortar as árvores e transportar a madeira até os navios, os portugueses usaram o trabalho dos indígenas, dando-lhes, em troca, objetos como machados, espelhos e colares. Essa troca, que não envolve moeda, chama-se escambo.

Os mercadores utilizaram um sistema de feitorias semelhante ao instalado na costa africana, assim não precisavam fixar residência no território – apenas abasteciam os navios e retornavam a Portugal. Caso a madeira das proximidades se esgotasse, o local era abandonado.

▶ André Thevet. *Exploração do pau-brasil na costa brasileira.* Litogravura, 1575.

Durante os anos de exploração do pau-brasil, extensas áreas de mata nativa foram devastadas.

Após 1530, os portugueses começaram a colonizar a região, formando povoados e vilas. A partir de então, a exploração local ocorreu por meio da agricultura, com o cultivo de cana-de-açúcar, uma planta asiática que se adaptou muito bem ao solo e ao clima de nosso litoral, especialmente no nordeste.

A exploração de pau-brasil ainda persistia, mas já era bem menor devido à escassez ocasionada pela exploração excessiva nos anos anteriores.

Diante dessa realidade, os portugueses precisavam de uma nova mercadoria para comercializar. Havia também a necessidade de atrair pessoas para povoar o Brasil. Foi assim que começou a produção e o comércio de açúcar na **colônia** portuguesa da América.

Diferentemente da exploração madeireira, a cana-de-açúcar necessitava de equipamentos e pessoas para cuidar do solo, o que fez os colonos fixarem moradia no Brasil. Assim, vilas e cidades desenvolveram-se em torno dos engenhos, locais onde era produzido o açúcar.

Inicialmente foi utilizada a mão de obra indígena – os nativos eram capturados e escravizados. Depois foram os africanos.

Assim, além de vender pau-brasil, açúcar e outras mercadorias, os portugueses passaram a comercializar pessoas escravizadas.

Nesse "comércio de gente", os portugueses compravam os africanos capturados em diferentes regiões da África, que eram embarcados contra a vontade para ir trabalhar em novas terras, como o Brasil.

Os africanos escravizados eram comercializados em mercados de escravos e levados para diferentes regiões do Brasil, onde deveriam executar diversos trabalhos em lavouras, na produção do açúcar, na mineração e na pecuária, além de serviços domésticos.

> **Glossário**
>
> **Colônia:** território ou região situada em local geralmente distante de outro que o domina ou administra, no caso, uma metrópole.

▶ Augustus Earle. *Portão e mercado de escravos em Pernambuco*, 1824. Óleo sobre tela, 45 cm × 68 cm.

Atividades

1 Observe as imagens a seguir. Uma representa parte do território que formou o Brasil nas primeiras décadas de exploração portuguesa, e a outra é uma charge atual, feita em 2000, em comemoração aos 500 anos da chegada dos portugueses às terras que seriam o Brasil. Após observá-las, responda às questões.

▶ Giácomo Gastaldi. *Brasil*, c. 1544-1550. Gravura, 26,5 cm × 36,5 cm.

▶ Salão Universitário do Humor de Piracicaba.

a) Qual atividade é mostrada na imagem 1? Quem fazia esse trabalho?

_____

_____

b) Por que os portugueses se interessaram pela mercadoria da imagem 2?

_____

_____

c) Por que essa atividade comercial não exigia que os colonos permanecessem na colônia portuguesa?

_____

_____

_____

d) O que a charge da imagem 2 ironiza? Relacione-a com a imagem 1 para explicar sua resposta.

_____

_____

2 Observe o mapa da página 173 e responda: O que o mapa mostra?

_____

3 Considerando o mapa da página 173 e o da página 174 (Rotas e feiras medievais), escreva no caderno um pequeno texto que responda às questões:

- Em que esses mapas se assemelham? Em que se diferenciam?
- Qual é a importância dos caminhos marítimos do mapa da página 173?
- Como as mudanças nas rotas comerciais e o contato com outros povos alteraram a vida das pessoas daquela época nos diferentes lugares mostrados no mapa da página 173? Levante hipóteses no texto.

4 Leia este trecho, que se refere a anúncios de jornais do século XIX, e responda:

> Acha-se fugido um mulato cabra de nome Raymundo Patricio, official de pedreiro e barbeiro, foi remettido do Pará em abril de 1859 pelo Sr. Manoel Joaquim de Faria, o qual foi aqui vendido ao Sr. Feliciano José Gomes, e este senhor vendeu ultimamente ao Sr. Francisco Mathias Pereira da Costa; tem os seguintes signaes: estatura regular, bastante grosso e barbado, olhos amarellados, falla com desembaraço, representa ter 35 a 40 annos: roga-se as autoridades policiaes a sua apprehensão; e quem o pegar, dirija-se ao engenho Guerra, em Ipojuca, ou a rua do Apollo n. 30, escriptorio de Manoel Gouveia de Souza, que será generosamente recompensado. [...]
>
> A pessoa que tiver escravos e quizer alugar para trabalhar na estrada de ferro, pagando-se mil réis por dia, ou mesmo gente forra que se queira a sujeitar, dirija-se a rua estreita do Rosario n. 23, segundo andar.

Gilberto Freyre. Os escravos nos anúncios de jornais brasileiros do século XIX.
São Paulo: Global, 2010. p. 85 e 90.

a) A que se referem esses anúncios? Anúncios como esses serviam para quê?

_____

_____

b) Quais informações sobre o período de escravidão podem ser identificadas nos anúncios?

_____

_____

c) Atualmente os anúncios de jornais impressos ou da internet estão relacionados a que assuntos? Em que esses anúncios são semelhantes ou diferentes dos anúncios do texto?

Hora da leitura

Mitos, lendas e contos

Mitos, lendas e contos fazem parte da tradição de muitos povos. Leia a seguir uma lenda kayapó que explica como esse povo teria conhecido o fogo e a arte de fiar algodão.

Há muito, muito tempo, os índios não conheciam o fogo, alimentavam-se de polpa de madeira, frutos silvestres e carnes, que preparavam sobre pedras aquecidas pelo Sol.

Certo dia, dois meninos Kaiapós caminhavam pela floresta, quando um deles percebeu, sobre um rochedo, um ninho de araras-vermelhas. Pediu ajuda ao companheiro para encostar um tronco na rocha, conseguindo assim alcançar o ninho. Mas, ao subir, esbarrou numa pedra, que caiu e feriu o amigo. Com raiva, o menino atingido tirou dali o tronco, deixando o outro sem meios para descer.

Após algumas horas, apareceu no local uma onça-macho. Ao ver a sombra do menino, a onça pôde localizá-lo sobre o rochedo, ao lado do ninho das araras-vermelhas, pássaros que sabiam carregar o fogo. Em troca de ajuda, a onça pediu que o menino lhe jogasse os filhotes. Concordando com a proposta, o índio pôde finalmente descer.

Por haver permanecido muito tempo exposto ao calor, o menino ficou muito corado, fazendo a onça crer que se tratava do filho do Sol. Convidou-o para conhecer sua toca, onde a onça-fêmea passava o dia assando carne ao fogo e fiando algodão. [...] a onça-macho resolveu ensinar o menino a usar o arco e a flecha para que pudesse se proteger. [...]

[...] a onça-macho [...] Pediu-lhe que voltasse à sua aldeia, levando o fuso e uma tocha, e cuidasse para que a tocha não se apagasse.

Regressando aos seus, o indiozinho os ensinou a usar o fogo e depois a fiar o algodão.

Walde-Mar de Andrade. *Lendas e mitos dos índios brasileiros*. São Paulo: FTD, 1999. p. 42.

1 Como os kayapós explicam a origem do fogo?

_____

_____

2 Vários povos têm lendas sobre a origem da humanidade e outras descobertas importantes. Faça uma pesquisa e monte um cartaz sobre uma dessas lendas.

HISTÓRIA
em ação

Homem de Ötzi

Em 1991, um casal de turistas que passeava pelos alpes de Ötztal, na Áustria, deparou-se com um cadáver mumificado. As autoridades locais levaram o corpo para um arqueólogo, que, após analisá-lo, descobriu que ele datava de cerca de 5 300 anos atrás.

Meses depois, foi feita uma escavação mais completa no local da descoberta e foram encontrados restos de vestimenta, vários objetos e material orgânico, como sementes, folhas, madeira e musgo.

Por mais de uma década, especialistas analisaram a múmia e os objetos encontrados e obtiveram mais informações de como era a vida desse homem pré-histórico. Conheça algumas delas a seguir.

▶ O homem de Ötzi tinha 1,59 metro de altura, fios de cabelos que mediam até 9 centímetros e provavelmente usava barba. Alimentava-se de plantas, grãos e animais.

▶ O cabo do punhal que ele usava é de madeira bastante resistente e a ponta de rocha pode ter sido quebrada no passado ou durante a escavação.

▶ O gorro usado por ele foi feito com pele de urso marrom.

▶ O machado dele é o mais intacto dessa época já descoberto. Ele tem uma lâmina de cobre presa a um cabo de madeira e pele de animal.

Como eu vejo
O cinturão verde

A maioria da população brasileira vive, atualmente, em cidades. Diversas cidades brasileiras são cercadas por cinturões verdes, ou seja, áreas formadas por parques, reservas ambientais, jardins e fazendas.

Nesses locais são cultivados diversos produtos agrícolas que abastecem a cidade. Além de fornecer alimento, os cinturões verdes são importantes porque protegem as nascentes de água, melhoram a qualidade do ar e preservam plantas e animais da região.

1. Recorte os produtos da página 175 e cole-os na imagem indicando quais deles saem do cinturão verde em direção à cidade e quais saem da cidade e abastecem o campo.

2. O município em que você mora é abastecido por um cinturão verde?

69

Como eu transformo

De onde vêm os alimentos que eu consumo?

O que vamos fazer?

Elaborar um mapa com os comércios de produtos naturais e orgânicos.

Para que fazer?

Para incentivar o consumo de alimentos saudáveis e derivados dos produtores locais.

Com quem fazer?

Com os colegas, o professor e as pessoas responsáveis pelos comércios da região.

Como fazer?

1. Elabore com os colegas e o professor uma lista dos comércios de alimentos conhecidos pela turma que sejam próximos ao local onde vocês moram.

2. Juntos, pesquisem quais são os principais produtos vendidos nesses locais e verifiquem em quais estabelecimentos há um grande número de alimentos naturais.

3. Organizem-se em grupos para cada um fazer uma pesquisa em um estabelecimento e descobrir de onde vêm os alimentos naturais vendidos nele. Siga as orientações do professor para saber como proceder.

4. No dia marcado pelo professor, tragam as informações obtidas para a sala de aula. Com elas, elaborem, todos juntos, um mapa dos arredores que indique os locais que vendem produtos naturais e quais deles são abastecidos por produtores da região.

5. Exponham o mapa em um local em que um grande número de pessoas possa ver e consultar. Se possível, reproduzam as informações em um mapa menor a fim de que todos os alunos possam levar para casa e divulgar aos familiares.

> Você considera importante consumir produtos de origem local? Por quê?

Revendo o que aprendi

1 Por que se considera que a humanidade surgiu na África?

_____

_____

2 Observe a imagem e faça o que se pede.

a) Na imagem aparecem dois marcos que transformaram a vida dos seres humanos pré-históricos. Circule-os.

b) Nomeie esses marcos e explique a importância de cada um para a humanidade.

_____

_____

_____

3 Sobre o conceito de tecnologia, faça, no caderno, o que se pede.

　a) Procure no dicionário o significado da palavra **tecnologia** e registre-o.

　b) Explique por que o desenvolvimento tecnológico é importante para os seres humanos.

4 Complete as frases com as palavras corretas.

　a) Entre os aspectos que diferenciam os seres humanos de outros animais estão a utilização do _____ para aquecimento, cozimento de alimentos, defesa contra o ataque de animais e iluminação da escuridão da noite, além da comunicação pela _____.

　b) As _____ são desenhos feitos em paredes de cavernas e rochas e estão entre as formas de comunicação humana.

5 Observe a pintura rupestre a seguir.

▶ Pinturas rupestres na Gruta do Janelão. Parque Nacional Cavernas do Peruaçu, Januária, Minas Gerais, 2017.

　a) O que a imagem mostra?

　_____

　_____

　b) A pintura rupestre pode ser considerada fonte para o estudo da História? Explique.

　_____

　_____

c) Levante hipóteses sobre o modo de vida do grupo que a desenhou.

_____

_____

_____

_____

6 Leia o texto a seguir e faça o que se pede.

> As origens da Lapa remontam aos primórdios do povoamento de São Paulo de Piratininga.
> [...]
> Em 1805, período de incremento da produção de cana-de-açúcar, todo o movimento de tropas da rota que ligava a Vila de Itu a São Paulo e litoral foi desviado em razão das péssimas condições da ponte sobre o Rio Pinheiros.
> Aproveitou-se, então, a comodidade da ponte do Sítio do Coronel Anastácio de Freitas Troncoso.
> A qualidade do barro nas margens do Rio Tietê favoreceu em meados do século XIX o desenvolvimento de algumas olarias e o crescimento do povoado, reforçando a urbanização do bairro que começava a tornar-se industrial. [...]
>
> Origem da Lapa remonta aos primórdios do povoamento de São Paulo de Piratininga. Prefeitura de São Paulo, 27 out. 2009. Disponível em: <www.prefeitura.sp.gov.br/cidade/secretarias/regionais/lapa/historico/index.php?p=328>. Acesso em: 10 abr. 2019.

a) Quais atividades econômicas são mencionadas no texto?

_____

_____

b) Explique a importância do comércio para o crescimento do bairro da Lapa, em São Paulo.

_____

_____

_____

_____

_____

_____

Nesta unidade vimos

- Os vestígios mais antigos da presença humana foram encontrados na África.
- O domínio das técnicas agrícolas e da criação de animais ampliou a possibilidade de sobrevivência dos grupos humanos.
- Desde sua origem, os seres humanos desenvolvem e usam a tecnologia para sobreviver.
- Da África, os seres humanos migraram para outros lugares do planeta.
- As primeiras cidades surgiram como resultado do processo de sedentarização que se seguiu ao desenvolvimento da agricultura, há cerca de 10 mil anos.
- A expansão das cidades gerou novas formas de organização social, como a especialização do trabalho, que deu origem ao comércio.
- As navegações contribuíram para o desenvolvimento do comércio e o contato entre diferentes povos e culturas.
- Os comerciantes levavam do Brasil – colônia portuguesa na América – produtos como pau-brasil e açúcar para serem vendidos na Europa e traziam africanos escravizados para trabalhar na lavoura, na mineração e em muitos outros serviços.

Para finalizar, responda:

- O planeta Terra sempre foi ocupado como é atualmente? Explique como ocorreu a ocupação do planeta.
- Qual é a relação entre a ocupação do planeta e a intervenção humana na natureza? Explique.
- Qual é a relação do comércio com as mudanças ocorridas no modo de viver de diferentes sociedades no decorrer do tempo? Exemplifique.

Para ir mais longe

Livros

▶ **A Pré-História passo a passo**, de Colette Swinnen (Claro Enigma).

"No caso da Pré-História, os vestígios de pedra, material não perecível, são parte essencial da documentação". Nesse livro, você encontrará essa e muitas outras informações sobre a Pré-História.

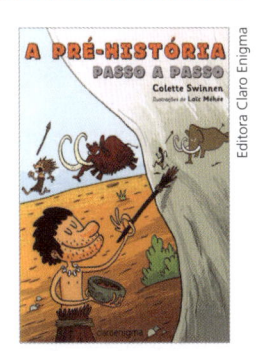

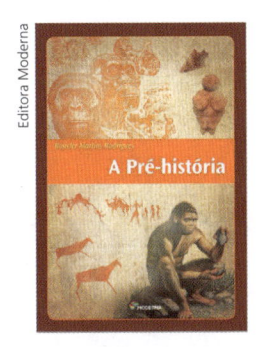

▶ **A Pré-História**, de Rosicler Martins Rodrigues (Moderna).

Nesse livro, texto e ilustrações recriam a vida na Pré--História, levando-nos a reflexões que nos fazem entender o tempo presente.

▶ **A magia das especiarias,** de Janaina Amado e Luiz Carlos Figueiredo (Atual).

"Imagine produtos capazes de encantar durante séculos milhões e milhões de pessoas no mundo inteiro." Esses produtos eram as especiarias, cobiçadas e valorizadas a tal ponto que estão entre as causas da expansão marítima dos séculos XV e XVI.

Site

▶ **Fundação Museu do Homem Americano (FUMDHAM):** <www.fumdham.org.br>. Acesso em: 29 maio 2019.

Nesse *site*, você encontra várias e superinteressantes imagens de pinturas rupestres descobertas no Parque Nacional Serra da Capivara.

UNIDADE 3
Brasil no mapa do mundo

- Como um todo, o que essa imagem representa?
- A que se referem os painéis de cada aluno?
- Quais informações sobre o período a ser estudado podem ser obtidas nessas imagens?

CAPÍTULO 1 — Os povos nativos

Vamos criar um maracá?

O maracá é um instrumento musical indígena bastante parecido com um chocalho. Vamos fazer um?

Material:

- uma garrafa PET pequena;
- grãos de feijão, milho, canjica, arroz cru ou pedrinhas;
- jornal ou 20 cm de um cabo de vassoura;
- fita adesiva;
- tinta ou fita adesiva colorida para enfeitar e colorir.

Como fazer

1. Pegue a garrafa PET, limpa e sem o rótulo, e coloque os grãos dentro dela.
2. Se conseguir, encaixe um pedaço de cabo de vassoura na garrafa ou faça um cabo bem firme usando folhas de jornais ou revistas. Passe a fita adesiva em volta do cabo e encaixe-o na boca da garrafa.
3. Pinte seu instrumento ou decore-o com fitas adesivas coloridas.

Seu maracá está pronto! Use-o para acompanhar o ritmo de uma música e divertir-se muito.

Os indígenas em 1500

Os vestígios encontrados pelos arqueólogos nos dão pistas sobre como viviam, há centenas de anos, os povos **nativos**, ou seja, os habitantes originários das terras que hoje formam o Brasil. Estima-se que, em 1500, quando os portugueses chegaram, viviam aqui mais de mil povos indígenas e uma população entre 2 milhões e 5 milhões de nativos.

Nas primeiras décadas da colonização, os europeus tiveram mais contato com os grupos indígenas que ocupavam a faixa litorânea. Quase toda a costa era habitada por grupos tupis e guaranis, que falavam **dialetos** diferentes, mas tinham a raiz linguística em comum. Assim, mesmo fazendo parte de grupos diferentes, conseguiam se comunicar. Apesar de alguns grupos tupis-guaranis serem inimigos, eles tinham, além da língua, outras semelhanças no modo de viver. Essa língua foi denominada pelos portugueses de língua geral e foi aprendida por eles com relativa facilidade.

> Os tupis chamavam os indígenas do interior de tapuias por falarem línguas diferentes da sua.

Entre os diferentes grupos havia nômades e sedentários, e cada um se organizava de acordo com seus costumes, com algumas semelhanças entre eles.

Glossário

Dialeto: variação de uma língua em relação à língua-padrão. Exemplo: o caiowá é um dialeto da língua guarani, que pertence à família tupi-guarani, o qual, por sua vez, pertence ao tronco tupi.

Nativo: pessoa pertencente a grupo étnico originário da região onde nasceu, também pode ser chamado de indígena ou aborígene.

▶ Jean de Lery. *Dança dos índios tupinambás*. Entre os costumes indígenas havia danças e rituais que usavam para celebrar suas tradições.

Organização e costumes dos povos tupis

Geralmente, os povos tupis organizavam-se em aldeias que podiam ser fixas ou móveis. Tanto o tamanho dessas aldeias quanto o número de habitantes variavam, e cada uma era construída de acordo com o local e a organização dos vários grupos.

Cada aldeia tinha um líder local, chamado morubixaba ou cacique, que era responsável pelo grupo. Cabia a ele participar da tomada coletiva de decisões, como se fosse um conselheiro. Ele também participava das tarefas da aldeia. Além dele havia um líder espiritual, denominado de pajé ou xamã.

O trabalho era comunitário e geralmente dividido por sexo e idade. Homens e mulheres executavam tarefas diferentes. As crianças podiam participar de algumas tarefas mais simples, como coletar frutos ou aprender artesanato, pesca, entre outras. Em geral, as crianças começavam a aprender as tarefas de adultos somente entre 12 e 14 anos de idade.

Na maioria, os indígenas andavam nus e, de acordo com os costumes e tradições, usavam pinturas e enfeites no corpo, que tinham diferentes significados. Os enfeites podiam ser feitos com penas de aves, sementes, madeiras e ossos, sendo usados tanto como adornos quanto símbolos do grupo.

Já as pinturas tinham diversos significados e eram utilizadas em rituais religiosos, funerários e festivos ou como marcas na hora de luta ou guerra entre grupos rivais. A tinta dessas pinturas era fabricada com elementos da natureza, como o urucum.

Glossário

Urucum: fruto vermelho de uma árvore chamada urucuzeiro ou urucueiro. Seu nome vem do tupi *uru'ku*, que significa "vermelho".

Xamã: espécie de curandeiro e adivinho que invoca ou incorpora espíritos e, por isso, é escolhido pela comunidade para realizar rituais mágicos e religiosos.

▶ Hercule Florence. *Habitação dos apiacás sobre o Arinos*, 1828. Aquarela sobre papel, 40,8 cm × 51 cm.

Um pouco mais sobre

Ser indígena

As populações indígenas de hoje são descendentes dos povos que habitavam o Brasil em 1500. Portanto, têm em comum antepassados, história e origem.

O que caracteriza um indígena é ele identificar-se como tal e ser reconhecido pelo grupo como um de seus membros. Para isso, um indígena não precisa necessariamente viver junto a esse grupo, em um território delimitado. Mesmo vivendo em lugares fora da comunidade indígena, ainda assim fará parte dela.

Atualmente, muitos indígenas vivem em comunidades demarcadas – reservas ou Terras Indígenas – em locais isolados ou nas cidades.

A cultura brasileira é formada, entre outras contribuições, por hábitos e costumes legados pelos povos nativos.

Podemos encontrar diferentes heranças indígenas em nossos hábitos, por exemplo, o uso de redes para dormir e de instrumentos de pesca – como as redes e o puçá –, e muitas palavras de nosso vocabulário usadas para nomear pessoas, cidades, animais, além de comidas – como tapioca, paçoca, canjica – e bebidas – como chás, mate (chimarrão, tererê) e guaraná.

Há ainda os costumes de tomar banho todos os dias e utilizar ervas para tratar doenças.

Muitos mitos do folclore brasileiro têm origem indígena, entre eles, o Curupira. De acordo com a lenda, ele é um ser que protege a caça e a natureza, garantindo, assim, o equilíbrio entre as necessidades do ser humano e a preservação do meio ambiente.

▶ Tapioca: comida típica indígena.

1 Há grupos indígenas no estado ou município em que você mora?

a) Com a orientação do professor, pesquise se há comunidades nativas na região em que você mora.

b) Escolha uma delas e, em uma folha à parte, escreva um pequeno texto sobre ela com as informações solicitadas pelo professor.

Atividades

1. Complete estas frases com as informações corretas.

   a) A palavra indígena refere-se aos povos _____ ou habitantes originários do Brasil.

   b) Os primeiros contatos dos portugueses foram com os povos que habitavam a região _____ do território, ocupadas pelos _____ e guaranis.

   c) A forma das aldeias dependia do local e da _____ de cada grupo.

2. Observe as imagens das páginas 79 e 80. Que características dos indígenas são mostradas nessas imagens?

   _____
   _____
   _____
   _____

3. Leia o texto, observe as imagens e faça o que se pede.

   > Os tupi-guaranis cultivavam basicamente a mandioca, mas também podiam plantar milho [...], feijão, batata-doce. Alguns plantavam cará, abacaxi, abóbora, além de algodão e tabaco. Consumiam praticamente tudo o que produziam e nunca formavam grandes estoques. [...]
   > O índio só tinha a propriedade pessoal de suas armas e enfeites e partilhava todo o resto, principalmente os produtos da caça, pesca e coleta. [...]
   > A divisão das tarefas na sociedade indígena determinava que além de caçar, pescar, cortar lenha e combater, os homens construíssem canoas e cabanas e limpassem o terreno para o plantio da lavoura. As mulheres plantavam, colhiam, preparavam o alimento, fiavam, teciam, faziam cestos e potes de barro e coletavam frutos, raízes e insetos comestíveis, cuidavam da casa e das crianças. [...]

   Laima Mesgravis e Carla Bassanezi Pinsky. *O Brasil que os europeus encontraram*. São Paulo: Contexto, 2000. p. 40 e 42.

▶ Hans Staden. Pesca. Publicado em *Duas viagens ao Brasil*, 1557. Xilogravura, 14 cm × 18 cm. Essa imagem representa alguns aspectos do modo de vida dos indígenas brasileiros.

▶ Hans Staden. *Mulheres preparando bebida*. Xilogravura publicada em *Duas viagens ao Brasil*, 1557. Essa imagem representa o cotidiano das mulheres indígenas.

a) Descreva a alimentação dos grupos indígenas considerando os produtos que eles cultivavam.

_____

_____

b) Explique o trecho: "Consumiam praticamente tudo o que produziam e nunca formavam grandes estoques".

_____

c) De acordo com o texto, como eram divididas as tarefas nos grupos indígenas e quem as realizava?

_____

_____

_____

_____

d) Relacione as imagens às informações do texto. O que está representado nas imagens?

_____

_____

CAPÍTULO 2
A colonização do Brasil português

Como era antes?

Você imagina como era a rua onde você mora antes de as pessoas habitarem seu bairro?

Tente imaginar esse lugar muito antes das construções e de tudo o que você vê agora.

1. No caderno, descreva como você imagina esse lugar. Veja algumas sugestões de perguntas que podem ser respondidas em seu texto:
   - Como era a paisagem?
   - Havia animais? Se sim, quais?
   - Como eram as primeiras pessoas que habitaram esse lugar? De onde vieram? Como viviam? Como modificaram o local?

A administração colonial

A partir de 1530, o Brasil, que era colônia portuguesa, passou a ser ocupado e colonizado com base nas determinações de Dom João III, o rei de Portugal. Em 1532 foi fundada São Vicente, a primeira vila do Brasil, na qual foi iniciada a plantação de cana-de-açúcar.

Para colonizar, administrar e proteger a colônia de invasões estrangeiras, o rei decidiu implantar um sistema de doação de terras que já havia usado em outras possessões portuguesas: as capitanias hereditárias. Em 1536, ele dividiu o território em 15 partes e as cedeu a nobres e comerciantes ricos de Portugal, que foram chamados de capitães donatários.

As terras foram distribuídas entre 12 donatários; alguns receberam mais de um lote. As capitanias eram extensões de terra muito grandes, por isso os donatários também doavam parte de suas terras a outras pessoas. Os lotes menores eram chamados de sesmarias, e cabia a seus responsáveis, os sesmeiros, plantar, criar animais e fundar povoados, auxiliando na colonização.

Observe no mapa como foi feita a divisão do território em capitanias:

Os donatários e os sesmeiros começaram a desenvolver as plantações de cana-de-açúcar. Para se estabelecer na colônia, eles enfrentaram muitos problemas, como o alto custo das viagens, a resistência dos indígenas à ocupação das terras e os gastos com a defesa do território. Além disso, no Brasil ainda não havia cidades nem infraestrutura como em Portugal, e os colonos sentiam falta de alguns produtos e facilidades da **metrópole**.

Entre as 15 capitanias, duas se destacaram: a de Pernambuco e a de São Vicente. Nelas desenvolveram-se a produção e a comercialização de açúcar, possibilitando a prosperidade desses locais.

Fonte: Cláudio Vicentino. *Atlas histórico: geral e Brasil.* São Paulo: Scipione, 2011. p. 100.

Glossário

Metrópole: local que representa o centro de um Estado em relação a suas colônias.

O governo-geral

A partir de 1548, o rei de Portugal criou um novo sistema administrativo para a colônia, o governo-geral. Por esse sistema, as capitanias continuariam a ser uma divisão política e administrativa, mas subordinadas ao governo-geral.

Cabia ao governador-geral administrar e governar a colônia e dar assistência às capitanias no que elas precisassem.

O primeiro governador-geral foi Tomé de Sousa (1549-1553). Ele foi responsável pela fundação da primeira cidade, a Cidade Real de Salvador, na Baía de Todos-os-Santos (atual Salvador, na Bahia). Essa cidade passou a ser a sede administrativa da colônia.

▶ Gravura da vista de Salvador, quando sede administrativa da colônia.

Tomé de Sousa trouxe cerca de mil pessoas, entre funcionários do governo, soldados, padres da Companhia de Jesus (jesuítas) e outros. Durante seu governo instalou engenhos para a produção de açúcar, autorizou expedições em busca de ouro para o interior da colônia, introduziu a criação de gado e ainda foi responsável pela vinda de muitos colonos para essas terras.

Para substituir Tomé de Sousa, o rei de Portugal nomeou Duarte da Costa (1553-1557). Com ele vieram de Portugal outros padres da Companhia de Jesus, responsáveis tanto pela vida religiosa dos colonos quanto por catequizar os indígenas. Foi durante esse governo que os jesuítas fundaram um colégio em terras mais distantes do litoral e mais ao sul do território, dando origem à cidade de São Paulo.

O terceiro governador-geral foi Mem de Sá (1557-1572). Ele conseguiu expulsar os franceses que haviam fundado uma colônia na Baía de Guanabara, atual cidade do Rio de Janeiro. Durante as lutas contra os franceses, foi fundada a cidade de São Sebastião do Rio de Janeiro.

O sistema de governadoria-geral durou até 1808, sofrendo algumas alterações em relação a sua forma inicial, como os governadores-gerais passarem a ser chamados de vice-reis a partir de 1640.

Companhia de Jesus

Companhia de Jesus é uma associação religiosa fundada em 1534 e reconhecida pelo papa em 1540. A ordem dos jesuítas ficou conhecida por suas missões com foco na catequese, várias delas aliadas à Expansão Marítima do século XVI, que incluiu a vinda para o Brasil.

Muitos dos locais aos quais essas missões eram enviadas não tinham estrutura adequada para a divulgação da fé católica. Essa barreira era principalmente cultural. Os nativos americanos, de forma geral, não falavam a língua dos jesuítas e não tinham as mesmas ideias sobre o deus cristão. Por isso, foi necessário ensinar-lhes o que tudo isso significava, ou seja, os jesuítas apresentavam, além da religião católica, a cultura europeia.

No Brasil, as missões educativas da Companhia de Jesus, tarefa pela qual é lembrada até hoje, foram essenciais no processo de colonização.

Pesquisa histórica

Na cidade de São Paulo, no local onde os jesuítas fundaram o colégio, atualmente está o Pateo do Collegio, um complexo histórico, cultural e religioso. Vamos conhecer um pouco mais esse espaço?

▶ Pateo do Collegio atualmente.

1. Acesse o *site* <www.pateodocollegio.com.br> e observe a página inicial antes de começar a navegar por ele.

2. Clique na opção Institucional. Nela você encontrará inúmeras informações sobre o Pateo do Collegio: de que maneira ele está incorporado às ações dos jesuítas nos dias atuais, linhas do tempo, entre outras.

3. Em seguida, clique na opção igreja S. José de Anchieta. Leia o histórico dessa igreja, que foi fundada no século XVI.

4. Com as informações coletadas elabore um cartaz com texto e imagens sobre o que mais chamou sua atenção no *site*.

A solução açucareira

A colonização do Brasil iniciou-se com a plantação de cana-de-açúcar, construção de engenhos e produção de açúcar pelos portugueses.

O açúcar era uma mercadoria valiosa e bastante consumida na Europa. Esse foi um dos motivos que levou os portugueses a escolher a cana-de-açúcar para ser plantada em sua colônia na América. Outros motivos foram:

- os portugueses já tinham experiência com esse cultivo;
- o solo e o clima do Brasil favoreciam o cultivo;
- o preço de venda do açúcar na Europa era alto, o que gerava muito lucro;
- os portugueses podiam conseguir mais mercados consumidores, pois o produto passou a ser apreciado por um número cada vez maior de pessoas.

Assim, a produção e o comércio de açúcar foram a base da economia da colônia, o que levou à construção de um grande número de engenhos. No começo, "engenho" era o nome dado apenas à área onde se produzia açúcar dentro das propriedades. Depois esse nome passou a ser usado para designar toda a propriedade açucareira.

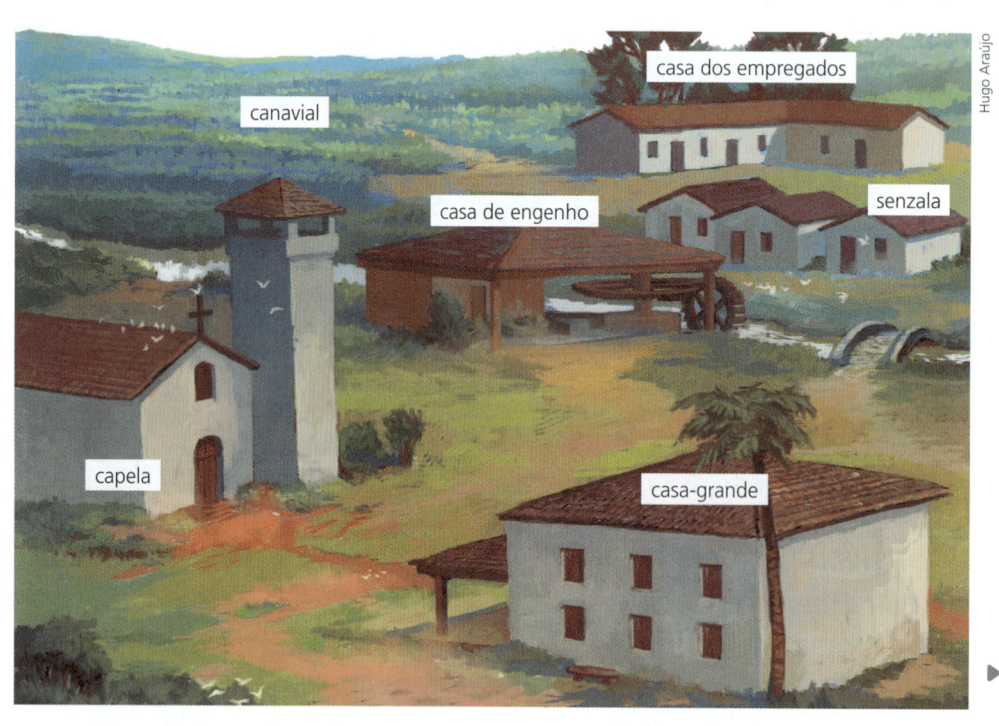

▶ Representação de engenho de açúcar.

A parte do engenho destinada à produção de açúcar era formada pela moenda (moía a cana e extraía o **sumo**), casa das caldeiras (onde o líquido era cozido e transformado em melado) e casa de purgar (onde se secava o melado, dando origem ao açúcar).

Como mão de obra para a produção de açúcar, os colonizadores inicialmente escravizaram os indígenas. Depois passaram a escravizar também africanos, que foram trazidos para a América contra a vontade deles.

Glossário

Sumo: líquido extraído de algumas plantas, suco.

Um pouco mais sobre

Holandeses no Brasil

O açúcar produzido no Brasil era transportado, refinado e distribuído na Europa pelos holandeses.

Interessados em lucrar ainda mais com o açúcar brasileiro, durante um período de desentendimentos com os portugueses, os holandeses invadiram algumas regiões do Brasil.

Primeiro foi Salvador, em 1624, mas foram expulsos. Depois, em 1630, conseguiram invadir Pernambuco, ocupando Olinda e Recife. Essa região era justamente a maior produtora de açúcar.

A administração da região conquistada coube a Maurício de Nassau, que promoveu melhoramentos no Recife, como calçamento das ruas, abertura de canais, construção de pontes, escolas, teatros, jardins e hospitais.

Após vários confrontos, os holandeses foram expulsos de Pernambuco em 1654, o que causou impacto negativo na economia colonial. No período que estiveram em Pernambuco, eles passaram a conhecer profundamente a produção de açúcar.

Expulsos do Brasil, os holandeses foram para as Antilhas, ilhas localizadas na região da América Central, e lá estabeleceram engenhos utilizando esse conhecimento. O açúcar holandês passou, então, a concorrer com o açúcar português.

1. O pintor holandês Frans Post (1612-1680), que viveu em Pernambuco entre 1637 e 1644, durante o governo de Maurício de Nassau, retratou diversas paisagens brasileiras. Observe a pintura a seguir e descreva no caderno os elementos que geralmente constituíam um engenho colonial.

▶ Frans Post. *Paisagem com plantação*, 1668. Óleo sobre tela, 71,5 cm × 91,5 cm.

Atividades

1 Responda às questões a seguir no caderno.

a) Qual foi a solução encontrada pelo rei de Portugal para administrar e proteger sua colônia na América?

b) Quem eram os donatários e qual era a responsabilidade deles em relação às capitanias?

c) Quais foram os problemas enfrentados pelos capitães donatários para se estabelecerem na colônia?

d) Como o estabelecimento das capitanias afetou a vida dos indígenas? Levante hipóteses sobre como isso ocorreu.

2 Complete as frases com as palavras do quadro.

capitanias	Salvador	governo-geral
jesuítas	São Paulo	administração

a) O _____ foi o sistema administrativo da colônia portuguesa a partir de 1548.

b) O governador-geral tinha como funções a _____ da colônia e a assistência às _____.

c) Tomé de Sousa foi o governador-geral responsável pela fundação da cidade de _____.

d) Durante o governo de Duarte da Costa, os _____ fundaram um colégio que deu origem à cidade de _____.

3 Utilizando as informações coletadas sobre o Pateo do Collegio na pesquisa da página 87, responda às questões.

a) Como era a primeira igreja criada pelos jesuítas?

_____

_____

b) Por que ela foi demolida no século XIX?

_____

_____

_____

_____

c) Como aconteceu a reconstrução da igreja?

_____

_____

d) Quem foi José de Anchieta?

_____

_____

4 Numere os desenhos na sequência da produção e comercialização do açúcar no Período Colonial. Depois escreva um texto que explique o processo de produção de açúcar no engenho.

_____

_____

_____

_____

_____

_____

CAPÍTULO 3
Da África para o Brasil

Uma boneca africana

As *abayomis* são bonecas de pano feitas apenas com nós, sem cola nem costura e com mínimo uso de ferramentas. Siga as instruções e faça sua *abayomi*.

Material:
- tiras de tecido (de preferência, malha).

Como fazer

1. Pegue um pedaço de tecido de 25 cm × 15 cm e dê um nó próximo à ponta: será a cabeça.

2. Para formar as pernas, corte o tecido que sobrou ao meio e dê um nó em cada ponta.

3. Pegue um pedaço de tecido de 25 cm × 5 cm e amarre-o abaixo da cabeça para formar os braços. Dê um nó em cada ponta.

4. Vista a roupa na boneca, amarre uma tirinha na cintura e outra na cabeça.

Acredita-se que dar de presente uma boneca *abayomi* representa boa sorte e proteção para quem ganha. Então, boa sorte!

Os africanos na África

Durante a Expansão Marítima europeia, os portugueses se aventuraram pela costa do continente africano. Algumas partes da África já eram conhecidas, mas, a partir de 1415, quando se instalaram em Ceuta, os portugueses aumentaram esse contato e suas relações comerciais. Inicialmente, negociavam ouro e outros produtos, passando depois a traficar e comercializar africanos escravizados.

A África é um continente onde vivem diversas **etnias**, ou seja, vários povos diferentes, cada um com sua cultura, organização, língua e religiosidade. Durante o século XV, alguns desses povos estavam organizados em reinos e impérios.

Na África, antes da chegada dos europeus, havia várias comunidades organizadas de diferentes formas. Em alguns casos, essas comunidades se uniam sob o comando de uma delas, formando **impérios**.

Nos impérios, geralmente, os grupos mantinham seu governo local e ao mesmo tempo obedeciam a um líder central, que controlava todos os outros líderes locais.

Já os **reinos** eram formados por um conjunto de aldeias do mesmo grupo com um único chefe político.

Havia reinos e impérios tanto grandes quanto pequenos, e geralmente os governantes vinham de uma família de reis. Mas havia também grupos que se organizavam sem a presença de reis, escolhendo seus governantes de outras formas.

Foi com essas sociedades bem organizadas que os europeus iniciaram o comércio de ouro e outras riquezas, passando, depois, a comercializar pessoas escravizadas.

▶ Relevo em bronze do Reino de Benin que mostra um rei à frente de seu exército, século XVI.

O tráfico de escravos

A partir de 1530, quando os portugueses iniciaram as plantações de cana-de-açúcar, foi preciso providenciar mão de obra para trabalhar nos engenhos. As tentativas de usar indígenas como escravos não deram certo por diversos motivos, por exemplo: as doenças europeias, como gripe e varíola, eram fatais a esses povos e dizimaram grande parte deles, e as fugas eram constantes, pois os indígenas conheciam bem o território. Com isso, os portugueses decidiram intensificar o tráfico de africanos escravizados para a América.

Para facilitar o comércio, os portugueses (e também franceses, ingleses e holandeses) construíram fortalezas na costa africana, nos lugares onde ancoravam suas embarcações, e fundaram colônias e povoados nos territórios africanos que foram conquistando. Com a colonização do Brasil, os portugueses aumentaram o tráfico de africanos escravizados. Por volta de 1570, já havia milhares deles no Brasil.

Na África já existia a escravidão bem antes de os europeus chegarem. Em diversos casos, a escravização acontecia em decorrência de guerras. Contudo, muitas vezes, os prisioneiros escravizados, com o passar do tempo, eram incorporados ao grupo que os havia capturado, deixando aquela condição. Acontecia ainda a escravização por dívidas, por crimes e até para conseguir recursos para viver. Aproveitando-se dessa situação, os europeus passaram a oferecer diversos produtos em troca de escravos.

▶ Essa gravura de origem francesa mostra um grupo de escravos sendo conduzidos à costa oeste da África por comerciantes. Imagem publicada no livro *L'Afrique*, de René Geoffroy, 1814.

A escravidão ocorre quando uma pessoa se torna propriedade de outra. Com isso, perde o direito de tomar decisões sobre a própria vida. A pessoa escravizada é obrigada a trabalhar para seu dono e pode ser comprada, vendida, alugada ou doada, como se fosse uma mercadoria. Seu proprietário pode, até mesmo, puni-la fisicamente com castigo e tortura.

A vida dos escravos no Brasil

Não há um número exato de quantas pessoas foram trazidas para o Brasil nos mais de 300 anos que durou o Período Escravista, mas a quantidade aproximada é de 4 milhões de africanos.

▶ Comércio de escravos na costa oriental da África. Gravura de autoria desconhecida, s.d. Geralmente, a captura de pessoas para escravização não era feita pelos europeus. Outros povos africanos, interessados no comércio com os europeus, é que tinham essa tarefa. Na imagem, podemos observar comerciantes europeus conversando com os representantes dos chefes africanos antes de começarem as negociações.

No Brasil, o trabalho escravo era direcionado para diversos fins: em todas as tarefas do engenho de açúcar (plantar e colher a cana, produzir o açúcar etc.); nas minas de extração de ouro e diamantes; como escravos de aluguel (ou escravos de ganho) nas cidades, nas quais faziam serviços de vendedores, barbeiros e sapateiros, entre outros. As mulheres escravas, além de fazer as mesmas tarefas que os homens, trabalhavam na cozinha e como **amas de leite**, cuidando dos filhos de seus senhores. Mas, independentemente da atividade, a rotina era de 12 horas a 15 horas de trabalho diárias, com pouco tempo de descanso.

Nos dias de folga, alguns escravos, dependendo da relação que tinham com o senhor, trabalhavam em seu próprio benefício. Cultivavam pequenas roças em espaços cedidos nas propriedades e usavam o que colhiam para complementar a pouca alimentação recebida. Se havia sobra, vendiam e guardavam o dinheiro para comprar sua **alforria**.

Glossário

Alforria: ato de um proprietário libertar seus próprios escravos. A palavra tem origem na língua árabe e significa "a liberdade".

Ama de leite: mulher que amamenta um bebê quando a mãe natural dele não pode. Naquela época, essa responsabilidade era dada às escravas que já tinham filhos.

▶ Senhora com liteira e dois escravos. Fotografia anônima, c. 1860. Também era função dos escravos levar sua senhora para passear.

Os escravos eram vigiados pelos feitores, homens encarregados de cuidar deles e castigá-los. Castigos físicos eram frequentes. Para punir os escravos, os feitores utilizavam peças como a chibata – um tipo de vara fina e comprida –, máscaras de ferro, correntes e palmatória – instrumento de madeira usado para golpear as pessoas nas mãos –, chegando até a queimá-los com ferro, água ou óleo quente.

Mas os escravos não aceitavam sua condição passivamente e, enquanto houve escravidão, também houve resistência. Eles lutavam contra essa situação de diferentes maneiras: desobedecendo às ordens, fazendo rebeliões, destruindo os bens e as propriedades dos senhores e, principalmente, fugindo sozinhos ou em grupos. Nessas fugas, muitos se reuniam em comunidades organizadas nas matas, chamadas de **quilombos**.

▶ Jean-Batiste Debret. *Máscara que se usa nos negros que têm o hábito de comer terra*, c.1820-1830. Aquarela, 18,7 cm × 12,5 cm. Publicada em *Viagem Pitoresca e Histórica ao Brasil*.

Direto da fonte

As imagens da escravidão

Há muitos registros de imagem do Período Escravista feitos por artistas e fotógrafos em diferentes momentos. Em cada registro é possível captar mais informações, por meio de um olhar, sobre esse longo período em que os africanos viveram como escravos.

1 Observe estas imagens e faça o que se pede.

a) Descreva cada uma delas, identifique as atividades realizadas e a relação com o Período Escravista.

▶ *Babá com criança*, c. 1865. Fotografia de F. Vilela tirada no Recife, Pernambuco.

▶ François Auguste Biard. *Fuga de escravos*, 1859. Óleo sobre madeira, 33 cm × 52 cm.

_____

_____

_____

▶ Jean-Baptiste Debret. *Feitores açoitando negros na roça*, 1828. Aquarela sobre papel, 15 cm × 19,8 cm.

▶ Jean-Baptiste Debret. *Calceteiros*, 1824. Aquarela, 17,1 cm × 21,1 cm.

_____

_____

_____

b) Qual é a importância desses registros para a História do Brasil?

Um pouco mais sobre

Ser afro-brasileiro

Uma das características mais marcantes na sociedade brasileira é que somos um país de pessoas mestiças. Isso quer dizer que somos um povo formado pela mistura de várias etnias e culturas.

Ser afro-brasileiro representa muito mais do que ser descendente dos africanos. Essa palavra carrega em seu significado também as lutas pela igualdade e representatividade no Brasil, que se iniciaram entre os escravos como resistência, estenderam-se pelos quilombos e pelas manifestações culturais e religiosas mantidas, ainda que escondidas, e chegaram a nossos dias por meio das ações do movimento negro e suas conquistas.

São inúmeros os exemplos de influências africanas que hoje compõem a cultura brasileira.

Na dança e na música temos o samba, o carimbó, o coco, as danças de roda, o maracatu e muitas outras, além de instrumentos como a cuíca e o berimbau.

As influências africanas também são encontradas em folguedos brasileiros como o afoxé, que utiliza instrumentos tipicamente africanos – entre eles, o agogô e o atabaque –, e em religiões como o candomblé e a umbanda.

Na culinária, temos pratos e alimentos, como vatapá, acarajé, canjica, farofa, azeite de dendê e tantos outros. Na língua, inúmeras palavras – como cachimbo, fubá, minhoca, banana, batuque – são originárias da África. Enfim, a herança africana está em toda parte, seja nas características físicas da população, seja nas expressões culturais.

▶ Apresentação do grupo musical Cumaru de carimbó em restaurante de Santarém, Pará.

1 Você já ouviu falar em ações afirmativas? Se necessário, pesquise e cite exemplos.

_____
_____
_____

2 Qual é a importância dessas ações?

_____
_____

Atividades

1 Assinale as alternativas com informações corretas.

☐ Quando os portugueses chegaram à África, encontraram um continente sem grupos organizados.

☐ Os portugueses estreitaram o contato com os africanos após se instalarem em Ceuta.

☐ Antes da chegada dos europeus, o continente africano era dividido em países, exatamente como é hoje em dia.

☐ Em geral, os governantes dos grandes impérios africanos vinham de famílias reais.

☐ Nunca houve comércio de pessoas escravizadas entre europeus e reinos africanos.

2 Reescreva as frases incorretas da atividade anterior corrigindo-as.

_____
_____
_____
_____
_____
_____

3 O que é escravidão?

_____
_____
_____
_____
_____

4 Por que os portugueses intensificaram o comércio de africanos escravizados após 1530?

_____
_____
_____
_____

5 As pessoas escravizadas aceitavam pacificamente sua condição de vida? Explique.

_____
_____
_____
_____
_____

6 Ligue cada tipo de escravo ao trabalho executado por ele.

| escravos de ganho | Plantavam, colhiam e produziam açúcar. |

| escravos dos engenhos | Cozinhavam, limpavam a casa e cuidavam das crianças. |

| mulheres escravizadas | Eram barbeiros, sapateiros e vendedores. |

7 Observe a história em quadrinhos a seguir e, de acordo com o que você aprendeu, explique cada cena.

_____
_____
_____

8 Há muitos elementos da cultura africana na cultura brasileira atual. Busque seis palavras no diagrama a seguir que representam a cultura afro-brasileira.

A	S	M	E	O	U	V	E	G	I	J	A	I	F	R
D	F	A	P	S	O	L	E	C	O	W	Q	N	E	U
X	H	R	I	G	B	A	V	R	T	B	R	H	Y	J
I	E	A	R	S	A	B	N	M	Y	T	G	A	A	E
S	A	C	E	O	S	A	M	B	A	U	V	M	E	G
F	D	A	T	G	H	K	M	E	B	F	X	E	L	O
L	O	T	A	S	A	V	R	T	B	R	L	O	Ç	D
Y	J	U	F	G	H	Y	A	Q	F	R	E	V	O	I
C	O	W	Q	O	U	V	E	G	I	J	A	Z	G	H
U	P	A	M	O	N	H	A	A	S	A	A	E	D	A

101

CAPÍTULO 4

Expansão territorial e mineração

Você conhece o Brasil?

O Brasil nem sempre teve esse formato, com os limites territoriais e as divisões atuais. Trata-se de uma longa história, que já tem mais de 500 anos.

Você conhece o Brasil? Teste seu conhecimento completando a imagem a seguir. Inicie buscando e nomeando o estado em que você mora. Depois nomeie os estados vizinhos e aqueles que você já conhece ou dos quais sabe o nome, até identificar todos.

Do litoral para o interior

Até o final do século XVI, a população luso-brasileira estava concentrada no litoral do Brasil. O interior era habitado, em sua maior parte, por indígenas de diferentes grupos étnicos. Alguns deles eram originários dessas regiões, e outros se deslocaram para lá após serem expulsos do litoral pela colonização portuguesa.

A partir desse período, de diferentes maneiras e por ações de vários grupos, iniciou-se o povoamento do interior. Assim, com o passar dos anos, as fronteiras foram sendo desenhadas até chegar à configuração que temos hoje.

No início do século XVII, as regiões mais distantes do litoral, localizadas na porção nordeste do território, começaram a ser ocupadas com atividades de criação de gado e extração de **matérias-primas**, como cacau, canela, anis, gergelim, entre outras.

Nas atuais regiões Norte, Centro-Oeste, Sudeste e Sul foram formadas missões jesuíticas, locais onde os padres da Companhia de Jesus fundavam aldeamentos indígenas no quais ensinavam os princípios de sua religião. Nesses aldeamentos, os nativos estavam protegidos da escravização.

Entre os grupos que contribuíram para a exploração do interior estão os bandeirantes, que participavam de expedições rumo ao interior para procurar metais preciosos, bem como capturar e escravizar indígenas.

Geralmente, as expedições dos bandeirantes partiam da Vila de São Paulo de Piratininga, a atual cidade de São Paulo, para várias direções interioranas. Por onde passaram, esses grupos ampliaram o território, foram responsáveis pela descoberta de ouro e pela fundação de diversos povoados e vilas. Por outro lado, também foram responsáveis por acabar com muitos grupos indígenas.

> **Glossário**
>
> **Matéria-prima:** matéria retirada da natureza utilizada para fabricar um produto.

▶ Almeida Júnior. *A partida da monção*, 1897. Óleo sobre tela, 6,64 m x 3,9 m. As monções eram expedições fluviais com o objetivo de abastecer as regiões do interior, buscar ouro e transportar metais preciosos da região onde hoje é Cuiabá, capital de Mato Grosso.

A mineração e o povoamento

Durante todo o Período Colonial brasileiro, a produção de açúcar foi uma atividade econômica bem importante. Os comerciantes portugueses obtinham bom lucro com a venda desse produto na Europa. Para cultivá-lo, muitos portugueses vieram morar no Brasil; com isso, povoados, vilas e cidades foram sendo formados no entorno dos engenhos, principalmente na atual Região Nordeste.

A prosperidade econômica proporcionada pela cana-de-açúcar começou a se reduzir no final do século XVII, quando os holandeses deram início à produção de açúcar na América Central. A concorrência fez o preço do produto abaixar muito, e, consequentemente, os lucros também diminuíram.

Desde o início da colonização, os portugueses buscaram formas de explorar a colônia e fazer com que as atividades aqui realizadas gerassem lucros para a metrópole. Por isso, a busca por ouro e metais preciosos sempre foi constante, e várias rotas terrestres e fluviais foram abertas para procurar essas riquezas.

Na década de 1690 começaram a aparecer notícias da descoberta de ouro no interior do Brasil, na região onde hoje é o estado de Minas Gerais. Para a Coroa portuguesa, encontrar ouro significava uma possibilidade de superar a então crise econômica do reino, voltando a ter bons lucros com a colônia.

▶ Oscar Pereira da Silva. *Entrada para as minas*, 1920. Óleo sobre tela, 86 cm × 126 cm. Nessa imagem, criada anos após o acontecimento retratado, o pintor procura mostrar a intensa migração para a região mineira, principalmente durante o século XVIII.

A notícia da descoberta de ouro na região mineira provocou um grande e acelerado fluxo migratório de colonos para lá, que chegavam vindos de outras regiões da colônia e de Portugal. Todos desejavam enriquecer com o garimpo; assim surgiram novas formas de organização social, novas leis e novas relações de trabalho na região mineradora.

De acordo com as leis portuguesas, todo local onde se encontrava ouro, metais e pedras preciosas era propriedade da metrópole. Nesses locais, os funcionários do reino português organizavam a atividade mineradora, distribuindo mais terras a quem tivesse maior número de escravos para explorá-las.

A expansão da atividade mineradora trouxe várias mudanças para a sociedade colonial, entre elas:

- a intensificação do povoamento na região das Minas, tanto de colonos livres como de escravos;
- a abertura de novos caminhos em direção ao interior. O Rio de Janeiro, mais próximo das minas, tornou-se a nova sede administrativa da colônia em 1763, tal era a importância da mineração para a economia colonial;
- o desenvolvimento de atividades agrícolas no interior para complementar o abastecimento da região das Minas, que sempre dependia de alimentos trazidos de longe;
- maior integração entre as diferentes capitanias da América Portuguesa, que antes da extração do ouro eram relativamente isoladas umas das outras;
- o surgimento de um novo tipo de colonização, predominantemente urbano, em contraste com a sociedade rural anterior, que havia se formado no litoral por causa da produção de açúcar.

▶ Arnaud Julien Palliére. *Vista de Vila Rica*, 1820. Óleo sobre tela, 36,5 cm × 96,8 cm.

Com o tempo, as vilas e os povoados mineiros que foram se formando devido à chegada de muitas pessoas à região mineradora se desenvolveram e deram origem a alguns dos atuais municípios mineiros.

Tropeirismo e comércio nas minas

Naquela época, o ouro e as pedras preciosas encontrados em Minas Gerais eram levados ao Rio de Janeiro e de lá enviados à Europa.

Por ter atraído muita gente, a atividade mineradora causou problemas de abastecimento na região. Explorar metais e pedras preciosas era mais lucrativo aos mineradores do que plantar ou criar animais destinados ao consumo e ao transporte.

Isso fez com que os tropeiros, em número cada vez maior, transportassem da região onde hoje é o estado do Rio Grande do Sul para as minas mercadorias como carne-seca, mulas e cavalos. Outros tropeiros saíam do Recife e de Salvador por rotas fluviais ou terrestres, respectivamente, pelo Rio São Francisco ou às margens dele, abastecendo a região mineradora com açúcar, aguardente, tabaco, escravos e outras mercadorias.

Ao longo de todos os caminhos, progressivamente foram surgindo povoados, que depois deram origem a várias cidades nos estados do sul do Brasil. Além das mercadorias e dos animais comercializados, os tropeiros levavam cartas e bilhetes a serem entregues a pessoas que moravam em cidades por onde eles passavam.

Podemos perceber, portanto, que o tropeirismo foi um importante fator de integração entre as diferentes regiões brasileiras.

A criação de gado no sul, ligada ao movimento dos tropeiros, contribuiu para alargar a fronteira da colônia, pois os colonos foram estendendo os pastos cada vez mais, ocupando regiões que, na época, pertenciam ao Reino da Espanha.

▶ Johann Moritz Rugendas. *Caravana de negociantes indo para Tejuco*, 1835. Litogravura colorizada, 23 cm × 31,5 cm. Além de abastecer a região mineradora, os tropeiros transportavam ouro até o Porto do Rio de Janeiro.

Direto da fonte

Colonização da América Portuguesa

O avanço rumo ao interior nas diferentes regiões também contribuiu para que o território português na América fosse aos poucos adquirindo dimensões muito semelhantes ao Brasil atual. Observe os mapas e, depois, faça o que se pede.

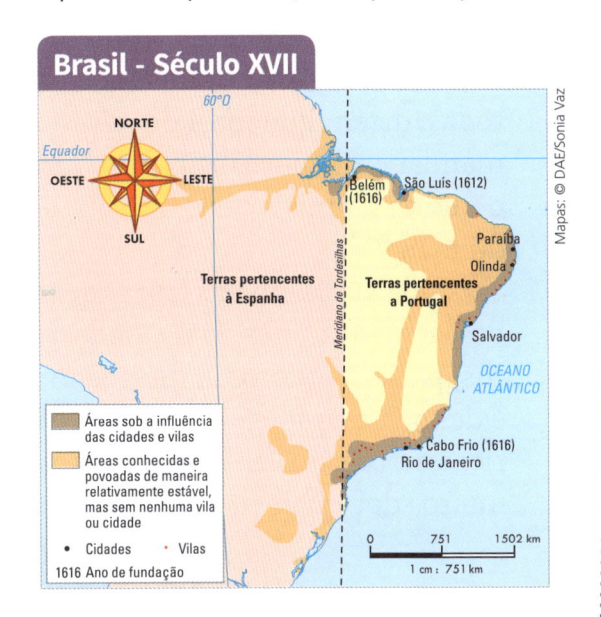

Brasil - Século XVI

Brasil - Século XVII

Brasil - Século XVIII

1. Descreva a colonização do Brasil no século XVI.

2. Indique a direção que o povoamento tomou a partir do século XVII.

3. Explique o mapa referente à colonização do século XVIII.

4. Compare esses mapas com o da página 102. Qual deles mais se aproxima ao formato atual do Brasil?

Fontes: Sérgio B. de Holanda (Org.). *História geral da civilização brasileira*. 4. ed. São Paulo: Difel, s.d. tomo I. v. I; Flavio de Campos e Miriam Dolhnikoff. *Atlas História do Brasil*. 3. ed. São Paulo: Scipione, 2006.

Atividades

1 O texto a seguir foi escrito por um religioso jesuíta que viveu no Brasil entre o final do século XVII e início do XVIII. Leia-o e responda às questões.

> A sede insaciável do ouro estimulou a tantos deixarem suas terras e a meterem-se por caminhos tão ásperos como são os das minas, que dificultosamente se poderá dar conta do número das pessoas que atualmente lá estão. Contudo, os que assistiram nela nestes últimos anos por largo tempo, e as correram todas, dizem que mais de trinta mil almas se ocupam, umas a catar, e outras a mandar catar nos ribeiros do ouro, e outras a negociar, vendendo e comprando o que se há mister não só para a vida, mas para o regalo, mais que nos portos do mar.
>
> Cada ano, vêm nas frotas quantidade de portugueses e de estrangeiros, para passarem às minas. Das cidades, vilas, recôncavos e sertões do Brasil, vão brancos, pardos e pretos, e muitos índios, de que os paulistas se servem. A mistura é de toda a condição de pessoas: homens e mulheres, moços e velhos, pobres e ricos, nobres e plebeus, seculares e clérigos, e religiosos de diversos institutos, muitos dos quais não têm no Brasil convento nem casa.
>
> André João Antonil. *Cultura e opulência do Brasil*. 3. ed. Belo Horizonte: Itatiaia; São Paulo: Edusp, 1982. Disponível em: <www.dominiopublico.gov.br/download/texto/bv000026.pdf>. Acesso em: 11 abr. 2019.

a) Qual é o assunto do texto?

b) Por que, no século XVIII, as pessoas se interessavam em migrar para a região das Minas Gerais?

c) Com base no texto e nas informações anteriores, responda: Que transformações foram causadas pela mineração naquele período? Cite dois exemplos.

d) Observe as imagens das páginas 104 e 106 e com base nas informações do texto, responda: Qual tipo de rota era usado pelos mineradores e comerciantes?

2 Observe as imagens e responda às questões.

1 Johann Moritz Rugendas. *Lavagem de ouro*, c. 1822-1825. Aquarela, 28,5 cm × 20,5 cm.

2 Carlos Julião. *Negras vendedoras no Rio de Janeiro*, c. 1776. Aquarela.

a) Quem são as pessoas representadas nas imagens? Que trabalho elas estão fazendo?

_____

_____

b) Qual é a importância desses trabalhadores para o contexto da região das Minas daquele período?

_____

_____

_____

c) Na imagem 2, em quais locais as pessoas podem estar trabalhando? Explique.

_____

_____

d) No período retratado nas imagens, eram essas pessoas que gozavam da riqueza obtida com a mineração? A quem se destinava essa riqueza? Converse com os colegas e o professor e, juntos, elaborem hipóteses para responder essa questão.

_____

_____

_____

_____

Hora da leitura

Uma viagem feita à terra Brasil

No século XVI, o francês Jean de Léry visitou as terras brasileiras e, com os relatos dessa experiência, escreveu o livro *História de uma viagem feita à terra do Brasil*, que se destaca pela descrição da flora e da fauna brasileiras, assim como pela análise da vida dos indígenas da época.

Certa vez, Jean de Léry conversou com um indígena sobre o comércio de pau-brasil. Leia o texto em que ele transcreve esse diálogo:

> Os nossos tupinambás muito se admiram do trabalho a que se dão os europeus para a posse do arabutan [pau-brasil].
>
> Certa vez um velho índio perguntou-me:
>
> – Que significa isso de virdes vós outros, peros [portugueses] e maíres [franceses], buscar tão longe lenha para vos aquecer? Não a tendes por lá em vossa terra?
>
> Respondi que tínhamos lenha, e muita, mas não daquele pau, e que não o queimávamos, como ele supunha, mas dele extraíamos tinta para tingir.
>
> Retrucou o velho:
>
> – E porventura precisais de tanto pau-brasil?
>
> – Sim – respondi –, pois em nosso país existem negociantes que têm mais panos, facas, tesouras, espelhos e mais coisas do que vós aqui podeis supor e um só deles compra todo o pau-brasil com que muitos navios voltam carregados.
>
> – Ah! Tu me contas maravilhas – disse o velho e acrescentou, depois de alcançar bem o que eu dissera:
>
> – Mas esse homem rico não morre?
>
> – Sim, morre como os outros.
>
> – E quando morre para quem fica o que é dele?
>
> – Para seus filhos, se os tem, e, na falta, para os irmãos ou parentes próximos.
>
> – Na verdade – continuou o velho, que não era nada tolo – agora vejo que vós, maíres, sois uns grandes loucos, pois que atravessais o mar com grandes incômodos, como dizeis, e trabalhais tanto a fim de amontoardes riquezas para os filhos e parentes! A terra que vos alimentou não é suficiente para alimentá-los a eles? Nós aqui também temos filhos, a quem amamos, mas como estamos certos de após nossa morte a terra que nos nutriu os nutrirá também, cá descansamos sem o mínimo cuidado.

Jean de Léry. História de uma viagem feita à terra do Brasil. In: Inês da Conceição Inácio e Tânia Regina de Luca. *Documentos do Brasil Colonial*. São Paulo: Ática, 1993. p. 39-41.

1 De acordo com o texto, qual é a diferença entre a visão dos indígenas e a dos estrangeiros sobre acumulação de riquezas?

HISTÓRIA em ação

Numismática – o estudo das moedas

A troca de bens ou serviços por moedas é uma convenção que começou provavelmente no século VII a.C.

As moedas facilitaram o comércio. Para estipular diferentes valores e dar uma identidade visual a elas, costuma-se gravar no metal informações apropriadas à sociedade que a produz. Foi dessa forma que as moedas se tornaram fontes históricas, pois elas apresentam dados sobre a população que as utiliza. A ciência que estuda o significado das moedas se chama Numismática.

Observe as moedas a seguir.

▶ Moeda grega, século VI a.C.

▶ Moeda romana, século IV.

▶ Moeda estadunidense, 1851.

▶ Moeda brasileira, 1729.

▶ Moeda cubana, 1992.

▶ Moeda de euro da Letônia, 2014.

Revendo o que aprendi

1 Escreva **V** nas informações verdadeiras e **F** nas falsas.

☐ Os povos indígenas encontrados no Brasil em 1500 viviam somente no litoral.

☐ Atualmente há indígenas que moram em cidades e outros, em Terras Indígenas.

☐ Todos os grupos indígenas vivem hoje da mesma forma, sem diferenças entre si.

☐ Os povos indígenas atuais têm em comum sua história, origem e seus antepassados.

2 Reescreva as frases incorretas da atividade anterior corrigindo-as.

_____

_____

_____

_____

3 Complete as frases a seguir com as palavras que faltam.

a) A escravidão existe quando uma pessoa se torna _____ de outra.

b) O escravo é obrigado a trabalhar sem receber _____.

c) No Brasil, os escravos eram _____ pelos feitores. Os _____ eram usados para punir e manter a ordem.

d) No Brasil, os africanos desenvolveram novas formas de viver, surgindo assim a cultura _____.

4 Pinte de **laranja** o quadradinho que indica as afirmações corretas.

☐ Durante o Período Colonial os portugueses comercializavam ouro e africanos escravizados.

☐ No continente africano todas as sociedades eram desorganizadas.

☐ Quando os portugueses chegaram à África, encontraram muitos reinos e impérios espalhados por todos os territórios.

☐ Durante mais de 300 anos, os africanos foram trazidos para o Brasil escravizados.

☐ Os africanos escravizados faziam trabalhos braçais e desvalorizados pelos europeus em território brasileiro.

5 Observe esta imagem e responda às questões.

▶ Benedito Calixto. *Moagem de cana na fazenda Caxeira em Campinas*, s.d. Óleo sobre tela, 1,05 m × 1,36 m.

a) Que importante atividade econômica do Brasil Colonial está representada na imagem?

___

b) Em que local ela era realizada?

___

c) Que tipo de trabalho era utilizado nessa atividade?

___

___

d) Qual era a função do gado nos engenhos?

___

___

Nesta unidade vimos

- Os indígenas foram os primeiros habitantes do Brasil.
- Havia grupos indígenas diversos espalhados pelo Brasil em 1500.
- Os portugueses usaram os sistemas de capitanias hereditárias e governo-geral para administrar e proteger a colônia, bem como para fazê-la dar lucro.
- Os africanos foram trazidos como escravizados para o Brasil e usados como principal mão de obra durante mais de 300 anos.
- Os escravizados sempre resistiram a essa condição usando diferentes estratégias.
- A identidade cultural brasileira é formada pela contribuição de diferentes povos.
- A mineração no século XVIII foi uma das causas do aumento da população na colônia portuguesa, contribuiu para o surgimento de povoados e vilas que depois se desenvolveram e se tornaram cidades.

▶ Comércio de escravos na costa oriental da África. Gravura de autoria desconhecida, s.d.

Para finalizar, responda:

- Quais povos abordados nesta unidade contribuíram para a formação da identidade cultural do Brasil?
- A colonização do Brasil pelos portugueses causou intervenção na natureza? Explique.

Para ir mais longe

Livros

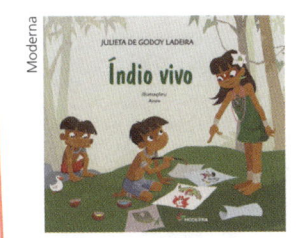

- **Índio vivo,** de Julieta de Godoy Ladeira (Moderna).
  O livro conta a história de duas crianças indígenas irmãs que ganham um concurso de desenho sobre o Dia do Índio. Elas vão para a cidade, onde vivem muitas aventuras. Todos os acontecimentos são contados entremeados por relatos da História do Brasil.

- **Os primeiros habitantes do Brasil,** de Norberto Luiz Guarinello (Atual).
  Explica a diversidade cultural dos povos que viveram aqui séculos antes da colonização portuguesa.

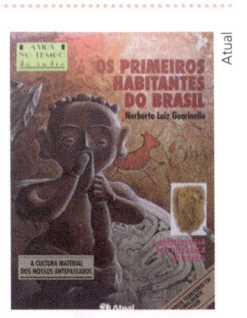

- **Os tesouros de Monifa,** de Sonia Rosa (Brinque-Book).
  Uma menina afrodescendente recebe como herança a missão de ser guardiã dos tesouros de sua família, deixados por sua tataravó, que veio da África. São cartas e histórias para ela conhecer seus antepassados.

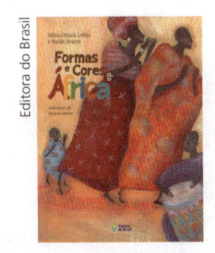

- **Formas e cores da África,** de Mércia Maria Leitão e Neide Duarte (Editora do Brasil).
  O livro aborda a relação entre neto e avô de origem africana. Por meio de sua herança cultural, o avô resgata o passado e apresenta ao neto a história e a cultura do continente africano.

- **Cordelendas – Histórias indígenas em cordel,** de César Obeid (Editora do Brasil).
  O livro traz as lendas indígenas no formato da literatura de cordel.

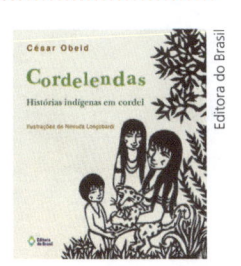

UNIDADE 4
Construção do Brasil como nação

- O que a imagem que estas pessoas estão montando representa?
- Quem são os personagens que compõem a cena e por que eles estão fazendo esta atividade?
- Qual é a relação entre a cultura do Brasil e os personagens?

CAPÍTULO 1 — Brasil: independência ou morte!

Retratos do Brasil

Em 1816 foi criada no Brasil a Academia de Belas-Artes e para compô-la foram convidados artistas franceses. Entre eles estava o pintor e desenhista Jean-Baptiste Debret, que retratou cenas cotidianas do Brasil entre 1816 e 1831. Observe uma de suas pinturas:

▶ Jean-Baptiste Debret. Cena de Carnaval. Gravura publicada em *Viagem pitoresca e histórica ao Brasil*, 1834-1839.

1. Assim como Debret, retrate uma cena cotidiana do Brasil.

2. Seguindo as orientações do professor, organize com os colegas da turma uma exposição em que vocês mostrarão seus "Retratos do Brasil".

1808: a Corte portuguesa no Brasil

Em 1808, devido a conflitos na Europa, a família real portuguesa mudou-se com toda a Corte para a colônia. Dessa forma, o Rio de Janeiro passou a ser a sede da Coroa portuguesa no Brasil.

Para acomodar a Corte e as milhares de pessoas que vieram com ela, muitas famílias do Rio de Janeiro foram despejadas de suas casas.

Logo ao chegar, o rei Dom João VI extinguiu o cargo de governador-geral e passou a administrar diretamente a colônia. Outra medida importante foi a abertura dos portos às nações amigas, o que possibilitou o livre-comércio com os países que mantinham comércio com Portugal, proibido até então.

O Rio de Janeiro, como sede do governo, foi o local mais beneficiado por essas alterações. Foram feitas obras de alargamento de ruas, coleta de esgoto, abastecimento de água e transporte público. Também foi criado o Horto Municipal (hoje Jardim Botânico), a Imprensa Régia, a Biblioteca Nacional, a Casa da Moeda, o Banco do Brasil, o Museu Nacional de Belas Artes e muitas outras instituições. A cidade passou de 50 mil habitantes em 1808 para cerca de 110 mil em 1818.

Em 1815, o Brasil foi elevado à categoria de Reino Unido a Portugal e, com isso, as capitanias passaram a ser chamadas de províncias.

Em 1821, Dom João VI voltou a Portugal, deixando no lugar seu filho, Dom Pedro, como príncipe regente.

▶ Armando Vianna. *Chegada de D. João à Igreja do Rosário*, 1937. Óleo sobre tela, 80 cm × 100 cm.

A emancipação do Brasil

Quando Dom Pedro assumiu o governo, em 1821, era desejo de seu pai, Dom João VI, que ele impedisse que o Brasil se separasse de Portugal.

Entretanto, parte da elite brasileira, formada por comerciantes, grandes fazendeiros e intelectuais, defendia a independência, pois temia perder a liberdade conquistada durante o período em que o Rio de Janeiro era sede da Corte.

Assim, continuaram as pressões: do lado brasileiro, para que o Brasil se separasse de Portugal, e da Coroa, para que D. Pedro voltasse a Lisboa e assumisse o trono.

Em agosto de 1822, quando Dom Pedro estava numa viagem para São Paulo, chegou ao Rio de Janeiro uma carta com novas ordens da Corte portuguesa, ameaçando enviar soldados para buscá-lo caso não retornasse a Portugal. Além dessa carta, Dom Pedro recebeu outras duas – uma de José Bonifácio, político influente e ministro do Reino, e uma de sua esposa, a princesa Leopoldina –, que o incentivavam a proclamar a **Independência do Brasil**.

Mesmo diante da pressão da Coroa portuguesa, no dia 7 de setembro de 1822, durante sua viagem entre São Paulo e Rio de Janeiro, Dom Pedro declarou a independência do Brasil. Naquele momento, o Brasil deixava de ser colônia, separando-se de Portugal.

▶ François-René Moureaux. *Proclamação da Independência*, 1844.
Óleo sobre tela, 2,44 m × 3,83 m.

O Brasil independente

Com a conquista da independência, o Brasil pôde criar suas próprias leis, garantindo assim autonomia política em relação a Portugal.

O país, no entanto, continuou a ter a economia baseada na agricultura, com o predomínio de grandes propriedades, da produção voltada para a exportação e do uso da mão de obra escrava.

Nem todas as províncias aceitaram a separação do Brasil. Em algumas, militares e políticos fiéis a Portugal entraram em confronto com as tropas do governo imperial. As lutas aconteceram nas províncias da Bahia, Grão-Pará, Maranhão, Piauí e Cisplatina (atual Uruguai).

Todas as batalhas travadas nas províncias foram decisivas para que a independência fosse, afinal, reconhecida e aceita internamente.

O reconhecimento da independência do Brasil pelos demais países do mundo também foi demorado. Um dos primeiros a reconhecê-la foram os Estados Unidos, em 1824. Portugal só reconheceu o fato em 1825, depois de receber o pagamento de uma **indenização** de mais de 2 milhões de **libras esterlinas**. Como o Brasil não tinha essa quantia, pegou o dinheiro emprestado da Inglaterra. Os ingleses reconheceram a independência do Brasil em 1826, após o comprometimento do governo brasileiro em acabar com o tráfico de escravos e de manter baixas as **taxas alfandegárias** pagas pelos produtos trazidos pelos navios ingleses.

Províncias e conflitos contra a independência (1822 a 1824)

Glossário

Indenização: pagamento feito para compensar um prejuízo.

Libra esterlina: moeda inglesa.

Taxa alfandegária: imposto cobrado pelos governos de todos os países sobre produtos importados e exportados.

Fonte: Cláudio Vicentino. *Atlas histórico: geral e Brasil*. São Paulo: Scipione, 2011. p. 126.

Atividades

1 Reorganize os acontecimentos abaixo numerando-os em ordem cronológica.

☐ Dom João retorna a Portugal e Dom Pedro fica como regente.

☐ O cargo de governador-geral é extinto.

☐ O Brasil se torna Reino Unido a Portugal, e as capitanias passam a ser chamadas de províncias.

☐ Dom João se muda para o Brasil com toda a Corte.

☐ É declarada a abertura dos portos brasileiros às nações amigas de Portugal.

2 Complete as frases usando as palavras do quadro a seguir.

conflitos	províncias	Bahia	independência
Maranhão	Portugal	Cisplatina	acordo

a) Algumas _____ brasileiras não aceitaram de imediato a _____ do Brasil.

b) Houve _____ com as tropas imperiais nas províncias da _____, do _____, do Grão-Pará, do Piauí e da _____ (atual Uruguai).

c) _____ só reconheceu a independência do Brasil após um _____ que previa o pagamento de uma indenização de 2 milhões de libras esterlinas.

3 O texto a seguir foi escrito por José Bonifácio e publicado em um jornal do Rio de Janeiro em 26 de setembro de 1822. Com base nele, responda às questões no caderno.

> [...] Todo português europeu ou brasileiro que abraçar o atual sistema do Brasil e estiver pronto para defendê-lo usará por distinção uma flor verde dentro de um ângulo de ouro no braço esquerdo com a legenda – INDEPENDÊNCIA

OU MORTE. Todo aquele, porém, que não quiser abraçá-lo [...] deverá sair do lugar em que reside dentro de trinta dias e do Brasil dentro de quatro meses [...].

José Bonifácio de Andrada e Silva. Decreto publicado na Gazeta do Rio, n. 116, p. 586, em 26 de setembro de 1822. Acervo da Biblioteca Nacional, Rio de Janeiro. Transcrito para a linguagem atual.

a) O que José Bonifácio ordena que façam as pessoas que defendem a independência do Brasil?

b) O que José Bonifácio ordena que façam as pessoas que são contra a independência do Brasil? Levante hipóteses sobre o motivo que o levou a dar essa ordem.

4. Observe a imagem a seguir, compare-a com a da página 120 e faça o que se pede.

▶ Pedro Américo. *Independência ou morte*, 1888. Óleo sobre tela, 4,15 m × 7,6 m.

a) Qual é a data de cada tela? Quantos anos havia se passado da independência até a criação das imagens?

b) Como a independência está retratada em cada obra?

c) É possível que essas telas retratem fielmente o acontecimento? Justifique sua resposta.

CAPÍTULO 2 — A construção do Brasil Imperial

Um símbolo para a nova nação

Com a proclamação da independência, era preciso criar símbolos para a nova nação, como Bandeira, Hino e Brasão. Esses elementos são formas de representar uma nação.

Como era a bandeira do Brasil Imperial?

Vá até a página 175, recorte as partes da bandeira imperial e cole-as no espaço abaixo.

1. Qual é a importância da bandeira para uma nação?

2. Compare-a com a atual bandeira do Brasil.
   a) Em que se assemelham?
   b) Em que se diferenciam?

O reinado de D. Pedro I (1822-1831)

Em 1822, com a Proclamação da Independência, foi escolhida a **monarquia** como forma de governo. D. Pedro – filho de D. João VI, rei de Portugal – foi proclamado imperador, com o título de D. Pedro I.

Também foram dados os primeiros passos para a constituição do Brasil como um **Estado** soberano, uma **nação**, e para a criação de uma identidade nacional.

Uma das primeiras medidas tomadas para criar a nova nação foi a unificação do território, já que, até então, muitas das regiões se comunicavam diretamente com a Corte em Lisboa sem se dirigir à sede do reino, no Rio de Janeiro.

▶ Jean-Baptiste Debret. *Cerimônia de coroação de Dom Pedro I, imperador do Brasil*, 1822. Aquarela, 27,5 cm × 20,5 cm.

Outras medidas buscavam criar uma memória nacional por meio de símbolos – bandeira e hino – e uma história que mostrasse que todos pertenciam a essa nação.

Nessa busca foi escolhido um representante, o indígena, nativo das terras que formam o Brasil, que simbolizava, portanto, a origem. A partir de então, escritores, músicos e pintores passaram usar a imagem do indígena como símbolo da história comum a todos os habitantes do Império Brasileiro.

Muitas pinturas históricas são desse período e foram encomendadas para representar a história nacional e valorizar o passado. Imagens que representavam a chegada dos portugueses, a primeira missa realizada por eles e a Proclamação da Independência foram então criadas para retratar uma história nacional grandiosa e comum a todos pertencentes à nova nação.

Glossário

Estado: denominação dada à sociedade que tem estrutura e organização política definidas.

Monarquia: forma de governo em que o poder supremo é exercido por um monarca ou rei. É hereditária, ou seja, passa de pai para filho por herança.

Nação: conceito político que pode ser entendido como uma organização de habitantes de um território com um único governo. As pessoas em uma nação são unidas pela identificação étnica, cultural e histórica, assim como a identificação geográfica e afetiva com o lugar em que vivem.

Um pouco mais sobre

A primeira Constituição do Brasil

Como país independente, o Brasil precisava ter as próprias leis. Para isso, foi formada em 1823 uma Assembleia Constituinte, ou seja, representantes de várias províncias se reuniram para elaborar uma Constituição. Contudo, o projeto apresentado por eles previa a redução do poder do imperador. Isso desagradou a Dom Pedro I, que mandou fechar a Assembleia.

Glossário

Outorgar: impor. A Constituição de 1824 foi imposta ao povo pelo governante.

▶ Exemplar da Constituição Imperial de 1824.

Depois, ele escolheu algumas pessoas de sua confiança para elaborar uma Constituição, que foi **outorgada** em 25 de março de 1824. Entre as principais determinações da Constituição brasileira de 1824 estavam os pontos a seguir.

- **Forma de governo:** monarquia hereditária, constitucional (cuja lei maior é a Constituição) e representativa (com pessoas escolhidas para representar o povo).
- **Divisão de poderes:** Executivo (Imperador e ministros), Legislativo (deputados e senadores), Judiciário (juízes) e Moderador (Imperador). Este último garantia a centralização do poder nas mãos do imperador.
- **Voto:** censitário (quando há exigência de certa renda pessoal para votar ou ser eleito), oral e descoberto (quem votava devia dizer à mesa de votação em quem votaria). Podiam votar homens brasileiros e estrangeiros naturalizados livres com mais de 25 anos.
- **Divisão territorial:** o Brasil seria dividido em províncias governadas por presidentes que eram escolhidos e nomeados pelo imperador.
- **Religião oficial:** católica.

1. O que é uma Constituição? Se necessário, pesquise.

2. Qual é a Constituição vigente no Brasil?

3. Pesquise quantas Constituições o Brasil já teve e quando foram criadas.

O Período Regencial (1831-1840)

A concentração de poder nas mãos do imperador e algumas medidas bastante autoritárias do monarca geraram descontentamento, muitas críticas e até revoltas em algumas províncias.

Essa crise política foi agravada pela difícil situação econômica do país: o Brasil havia contraído dívidas com outros países para pagar pelo reconhecimento de sua independência, a inflação aumentava rapidamente e os produtos de exportação, como o açúcar e o algodão, sofriam com a queda de preços.

Diante disso, D. Pedro I renunciou ao trono em favor de seu filho, Pedro de Alcântara, que tinha apenas 5 anos.

Com a renúncia, os deputados e senadores escolheram algumas pessoas, os regentes, para governar o Brasil. Esse período durou de 1831 a 1840, teve quatro regências e foi marcado por agravamento da crise econômica, instabilidade política, insatisfação com o governo dos regentes, miséria e desejo de mudanças.

A insatisfação da população resultou em várias rebeliões nas províncias. Os rebeldes, além da defesa de causas locais e específicas, tinham uma questão comum: a implantação de uma estrutura política federalista, que consistia em manter um governo central cujas províncias tivessem maior autonomia, sem a centralização do poder vigente.

Observe no mapa os principais conflitos do período:

Principais rebeliões regenciais

Legenda:
- Revolução Farroupilha (1835-1845)
- Sabinada (1837-1838)
- Cabanagem (1835-1840)
- Balaiada (1838)
- Revolta de Carrancas (Carrancas, 1833)
- Revolta dos Malês (Salvador, 1835)
- Revolta de Manoel Congo (Paty de Alferes, 1838)

Alessandro Passos da Costa

Diante de tantas revoltas foi antecipada a maioridade de D. Pedro de Alcântara, e em julho de 1840, com pouco mais de 14 anos, ele foi declarado imperador do Brasil com o título de D. Pedro II.

Fonte: Claudio Vicentino. *Atlas histórico: geral e Brasil*. São Paulo: Scipione, 2011. p. 128.

Atividades

1 De acordo com o que você leu, quais medidas adotadas pelo governo imperial buscavam criar o Brasil como Estado-Nação?

_____

_____

_____

2 Complete o quadro a seguir com informações sobre a divisão de poderes na Constituição de 1824.

PODER	QUEM EXERCIA	FUNÇÃO
		Executar leis.
		Fazer as leis.
		Fiscalizar o cumprimento das leis.
		Ter poder de decisão.

3 Qual dos poderes citados na atividade anterior não existe nos dias atuais? Levante hipóteses sobre por que ele não existe mais.

_____

_____

_____

4 Numere as afirmativas a seguir na ordem correta dos acontecimentos sobre o reinado de Dom Pedro I.

☐ Havia descontentamento nas províncias devido às medidas autoritárias do monarca e à crise econômica.

☐ O imperador rejeitou a Constituição feita pelos deputados da Assembleia Constituinte.

☐ Dom Pedro I renunciou em favor de seu filho, Pedro de Alcântara.

☐ O imperador outorgou a primeira Constituição do Brasil.

5 Responda no caderno: De acordo com a Constituição de 1824, quem não tinha o direito de votar?

6 Levante hipóteses sobre por que a Constituição de 1824 foi a primeira do Brasil e anote-as no caderno.

7 Pesquise as rebeliões regenciais do quadro abaixo e complete-o com as informações solicitadas.

REVOLTA	QUANDO E ONDE OCORREU	MOTIVO PRINCIPAL
Revolução Farroupilha		
Cabanagem		
Revolta dos Malês		
Sabinada		
Balaiada		

CAPÍTULO 3
D. Pedro II: um longo reinado

O trem de ferro

Você conhece a cantiga do trem de ferro? É uma cantiga que faz parte do folclore brasileiro.

Trem de ferro

O trem de ferro
Quando sai de Pernambuco
Vai fazendo xique-xique
Até chegar no Ceará.

Cantiga.

1. Há muitas sugestões de como brincar com essa música. Uma delas é a seguinte:
   - Junte-se aos colegas, organizem-se em dois grupos e formem duas rodas, uma dentro da outra.
   - Enquanto todos cantam a música, a roda de dentro gira em sentido horário (o sentido dos ponteiros do relógio) e a roda de fora gira no sentido anti-horário (o sentido inverso).

2. Depois da atividade, converse com os colegas sobre a utilização do trem como meio de transporte.
   a) Você já viajou de trem? Se sim, conte como foi a viagem.
   b) Além de pessoas, o que mais o trem pode transportar?

O Segundo Reinado no Brasil

O chamado Segundo Império ou Segundo Reinado durou de 1840 até 1889. Nesse período – que marcou tanto a consolidação quanto o fim da monarquia no Brasil –, o governante do país foi Dom Pedro II. Nesse período:

- as rebeliões internas foram controladas;
- o café tornou-se o principal produto agrícola brasileiro;
- foram introduzidas novas tecnologias, como o telefone, as ferrovias, o telégrafo e a iluminação a gás nas ruas;
- foram criadas fábricas de tecidos e de alimentos;
- houve grande incentivo à chegada de estrangeiros ao país, principalmente europeus.

Apesar das mudanças, durante quase todo o Segundo Reinado o Brasil manteve a escravidão. Além disso, a produção agrícola manteve-se voltada ao cultivo de um único produto em grandes propriedades.

Apenas uma pequena parcela da população se beneficiou dos ganhos obtidos com o café. Essas pessoas eram também as principais responsáveis pelas decisões políticas.

Na segunda metade do século XIX, muitos grupos políticos e econômicos estavam descontentes com a monarquia. Nesse contexto, a partir de 1870, o movimento republicano foi tomando força e, depois de uma série de acontecimentos, a monarquia chegou ao fim em 15 de novembro de 1889.

▶ Urias Antônio Silveira. *Entrega da mensagem a D. Pedro II*. Litografia publicada em *Galeria histórica da revolução brasileira*, 1890.

Após um longo reinado, D. Pedro II foi destituído do cargo, levando com ele o regime monárquico implantado em 1822.

Um pouco mais sobre

A Guerra do Paraguai

Durante o Segundo Reinado, o Brasil envolveu-se no maior e mais longo conflito militar já ocorrido na América do Sul: a Guerra do Paraguai.

Desde os tempos coloniais, a Bacia Platina (que inclui os rios Paraná, Paraguai e Uruguai) era um caminho importante para a circulação de mercadorias e metais preciosos.

Em 1860, o governante paraguaio Solano López começou a impedir que embarcações brasileiras chegassem a Mato Grosso pelo Rio Paraguai. A disputa pelo controle da Bacia Platina levou Brasil, Uruguai e Argentina a entrar em guerra contra o Paraguai, em 1864.

Após seis anos de conflito, o Paraguai foi derrotado. Milhares de paraguaios morreram, e o país ainda perdeu territórios para o Brasil e a Argentina. Já o Brasil, ainda que vitorioso, contraiu uma enorme dívida para pagar os altos custos da guerra.

Essa guerra contribuiu para o fim da monarquia, pois fortaleceu o Exército e fez crescer o movimento abolicionista, já que muitos escravos estavam entre os combatentes. Àqueles que fossem lutar era oferecida a carta de alforria; se o combatente sobrevivesse, teria sua liberdade garantida.

▶ Angelo Agostini. Charge *De volta do Paraguai*. Na legenda da imagem lia-se "Cheio de glória, coberto de louros, depois de ter derramado seu sangue em defesa da pátria e libertado um povo da escravidão, o voluntário volta ao seu país natal para ver sua mãe amarrada em um tronco! Horrível realidade!...".

1 O que foi a Guerra do Paraguai e quais países fizeram parte dela?

_____

_____

2 Quais foram as consequências dessa guerra para o Brasil?

_____

_____

_____

O café veio para ficar

Você já pensou em por que mesmo quem não toma café costuma falar "café da manhã"?

Essa é uma expressão popular que, como muitas outras, está relacionada com a História. Nesse caso, está mais precisamente relacionada à economia cafeeira do Brasil, que movimentou o comércio durante o século XIX e início do século XX.

Já vimos que a agricultura é praticada no território brasileiro desde o começo da colonização portuguesa. No século XIX, cultivava-se cana-de-açúcar, arroz, algodão, tabaco e café, entre outros produtos. Todos eram destinados à exportação, ou seja, para serem vendidos fora do Brasil.

De origem africana, as primeiras mudas de café chegaram aqui por volta de 1727, vindas da Guiana Francesa, região que faz fronteira com o Brasil ao norte.

No início, o café foi plantado na parte norte do território e, depois, em pequenas propriedades do Maranhão, no nordeste do país. Já no século seguinte, espalharam-se as plantações pelo sudeste e sul, nos atuais estados do Rio de Janeiro, Minas Gerais, São Paulo e Paraná.

Assim, entre todos os cultivos da época, o café tornou-se o mais lucrativo para a economia brasileira durante o século XIX e o principal produto de exportação. Sua produção e comércio geraram riquezas, contribuindo para o crescimento das cidades e regiões em que era plantado, bem como para a implantação das ferrovias, utilizadas para o escoamento e o transporte da produção.

▶ John Henry Elliot. *Vista do aldeamento de São Pedro de Alcântara em 1859, província do Paraná*, 1863. Aquarela, 35 cm × 45 cm. Nesse aldeamento, fundado em 1855 na região norte do atual estado do Paraná, os padres cultivavam café.

O café e as ferrovias

Na segunda metade do século XIX, a rede ferroviária brasileira começou a ser construída. Um dos principais motivos para isso foi a produção de café, que precisava ser transportada. Sem recursos para investir nessa área, o governo brasileiro permitiu que companhias particulares construíssem estradas de ferro e, depois, lucrassem com sua utilização. Esse sistema ficou conhecido como política de concessões a particulares.

A maioria das companhias brasileiras, como a do empresário Barão de Mauá, usava capital estrangeiro, vindo principalmente da Inglaterra. Além de transportar o café, as estradas de ferro serviam para conectar os estados brasileiros. A Ferrovia Dom Pedro II, por exemplo, renomeada Estrada de Ferro Central do Brasil em 1989, ligava os estados do Rio de Janeiro, Minas Gerais e São Paulo.

▶ Trecho da estrada de ferro que ligava as cidades paulistas de Santos e Jundiaí, em 1867.

A política de concessões a particulares gerou alguns problemas, pois cada companhia usava uma **bitola** diferente. Assim, apesar de os trens serem cada vez mais utilizados, as estradas não podiam se conectar umas às outras, pois cada trem só podia transitar na bitola para a qual fora feito. Essa situação só foi resolvida mais tarde, no século XX, quando o governo brasileiro comprou as companhias particulares.

Glossário

Bitola: medida-padrão; neste caso, referente à distância entre um trilho e outro.

Chegam os imigrantes

Durante o século XIX, vários países da Europa vivenciavam um grande crescimento populacional, tanto nas cidades quanto no campo. Com a industrialização crescente, as máquinas passaram a substituir o trabalho de muitas pessoas, e altos impostos eram cobrados dos pequenos agricultores, que acabavam se endividando e perdendo suas terras. Além das enchentes e das secas, guerras e perseguições políticas e religiosas dificultavam ainda mais a vida dos camponeses europeus.

No Brasil, por outro lado, havia muitas terras ocupadas por grupos indígenas ou posseiros. Os posseiros eram pessoas pobres que não tinham onde morar, motivo pelo qual se instalavam em terras desabitadas.

Com a lavoura cafeeira em alta produção, houve a necessidade de mão de obra para substituir o trabalho escravo. Mas as classes mais ricas do período não tinham interesse em contratar os indígenas, que já haviam trabalhado na colheita do café no início da produção. Também não se interessavam em contratar os posseiros, pois desejavam promover um "branqueamento" da população – que já estava bastante mestiça devido à união de portugueses com indígenas e africanos. Assim, havia muitas condições favoráveis à vinda de estrangeiros para o país. A fim de divulgar o Brasil na Europa e atrair os imigrantes, o governo brasileiro, entre outras ações, apresentava o país como um lugar de ampla fartura, com terras férteis e povo gentil. Ele passava a falsa impressão de que quem viesse para cá encontraria muitas oportunidades para melhorar de vida. As propagandas eram impressas em panfletos, anúncios de jornal e cartazes em vários países.

Entretanto, a realidade encontrada pelos imigrantes ao chegar ao Brasil, principalmente os que foram para o sul ou para outras áreas rurais, era bem diferente: muitas vezes tinham de abrir matas fechadas para se estabelecer e enfrentar várias dificuldades para se adaptar.

▶ Ernst Zeuner. *Chegada dos imigrantes alemães em 1824*, s.d. Óleo sobre tela, 30 cm × 41 cm.

Direto da fonte

1 No século XIX, o governo brasileiro fez uma série de propagandas em vários países para atrair a atenção dos imigrantes, como nos exemplos a seguir.

▶ Tradução da frase do cartaz: "...Na América. Terras no Brasil para os italianos. Navios em partida todas as semanas do Porto de Gênova. Venham construir seus sonhos com a família. Um país de oportunidade. Clima tropical e abundância. Riquezas minerais. No Brasil vocês poderão ter seu castelo. O governo dá terras e utensílios a todos".

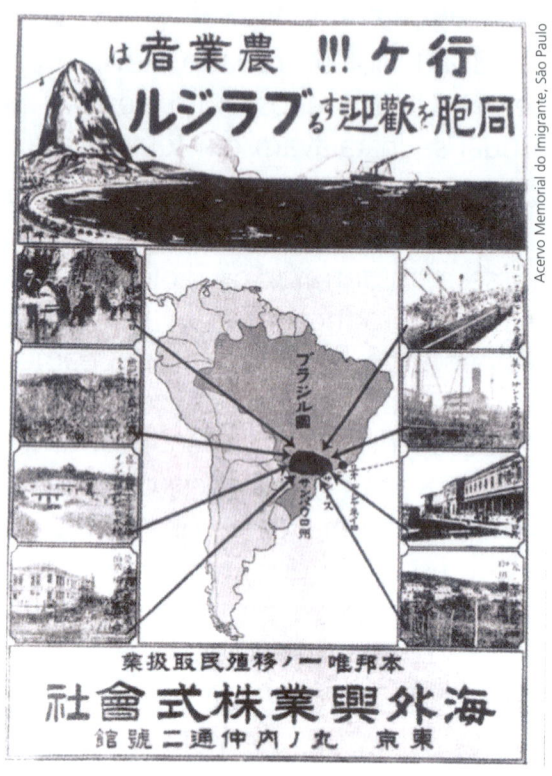

▶ Cartaz de propaganda do Brasil divulgado no Japão pela Kaigai Kogyo Kabushiki Kaisha (Companhia Ultramarina de Desenvolvimento) na década de 1920.

Após ter observado as imagens, faça o que se pede a seguir no caderno.

a) Em quais países os dois cartazes faziam propaganda do Brasil? Como você descobriu quais eram eles?

b) Que tipo de transporte aparece nos dois cartazes? Você acha que as viagens para o Brasil eram demoradas ou rápidas? Explique.

c) Os imigrantes se lançavam para uma nova terra em busca de oportunidades, com muita esperança de ter uma vida melhor. Sublinhe uma frase na legenda do primeiro cartaz que transmite essa ideia.

Abolição da Escravatura

Durante o Período Imperial, o Brasil era um país agrário e escravagista, ou seja, a mão de obra escrava era a base da produção econômica, que se concentrava na agricultura. Todavia, a partir da segunda metade do século XIX, a escravidão passou a ser contestada de várias maneiras.

Durante décadas, os abolicionistas lutaram contra a escravidão. Eles incentivavam e ajudavam a organizar fugas de escravos, além de criticar abertamente o governo, sobretudo nos jornais.

Contudo, a liberdade pela qual escravos e abolicionistas lutavam demorou muitos anos para se tornar realidade, conforme podemos observar na imagem a seguir.

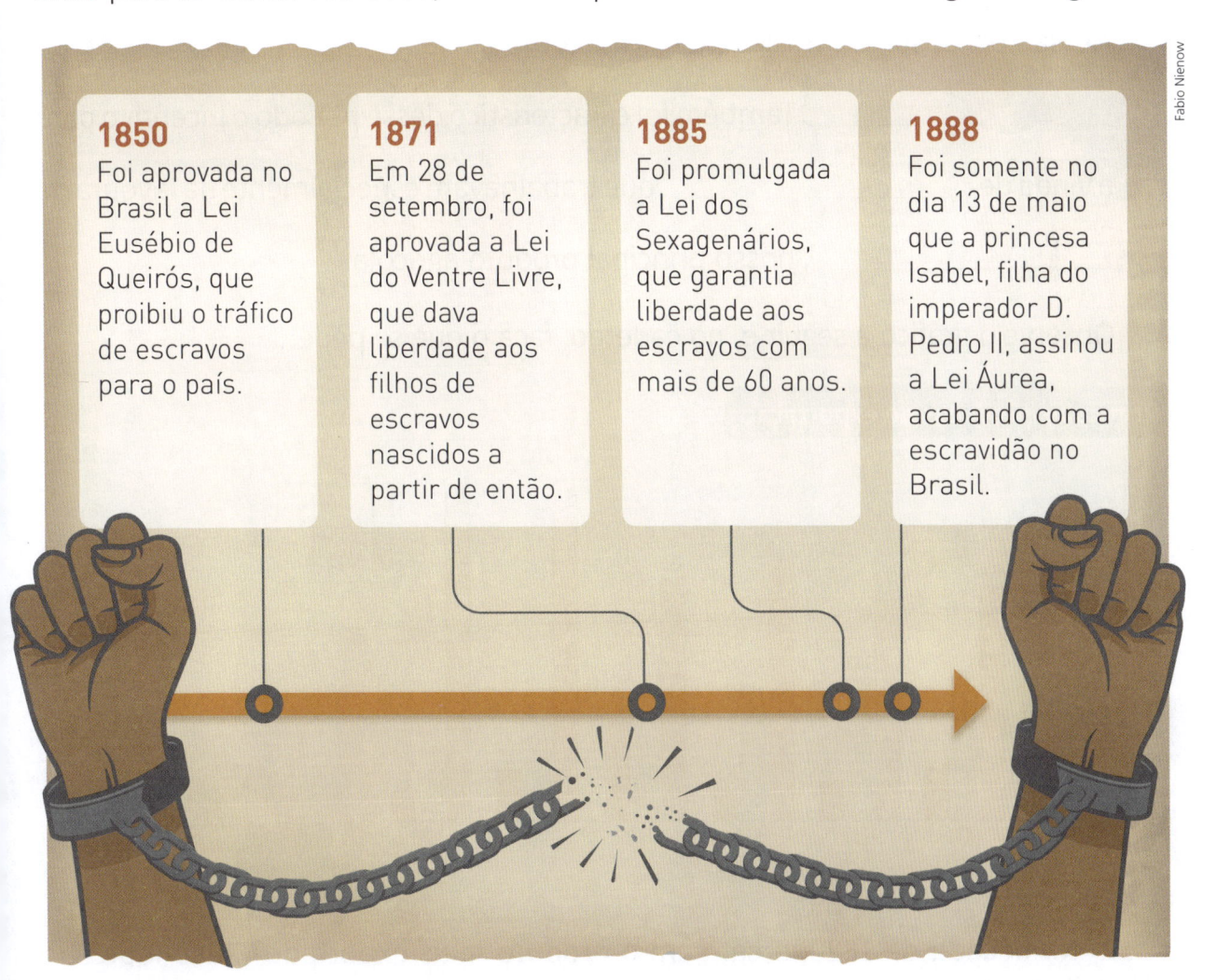

1850
Foi aprovada no Brasil a Lei Eusébio de Queirós, que proibiu o tráfico de escravos para o país.

1871
Em 28 de setembro, foi aprovada a Lei do Ventre Livre, que dava liberdade aos filhos de escravos nascidos a partir de então.

1885
Foi promulgada a Lei dos Sexagenários, que garantia liberdade aos escravos com mais de 60 anos.

1888
Foi somente no dia 13 de maio que a princesa Isabel, filha do imperador D. Pedro II, assinou a Lei Áurea, acabando com a escravidão no Brasil.

Por meio da Lei Áurea, cerca de 800 mil brasileiros deixaram de ser escravos e ganharam a liberdade. Essa lei provocou o descontentamento dos fazendeiros. Como se sentiram prejudicados, eles queriam ser indenizados pelo imperador, já que entendiam que as pessoas escravizadas faziam parte de suas propriedades. Como isso não aconteceu, muitos deles deixaram de apoiar a monarquia, e esse fator também contribuiu para o fim do regime.

Atividades

1 Complete as frases utilizando os termos do quadro.

> tecidos   Dom Pedro II   café
> imigrantes   alimentos

Durante o Segundo Reinado, o Brasil foi governado por _____.

Nessa época, surgiram várias fábricas, como as de _____ e de _____. Também foi característico desse período o incentivo para a vinda de _____, que trabalhavam especialmente na lavoura de _____, nosso principal produto agrícola.

2 Observe o gráfico a seguir e, no caderno, faça o que se pede.

Principais produtos de exportação

Década	Café	Açúcar	Algodão
1820	18,4	30,1	20,6
1830	43,8	24	10,8
1840	41,4	26,7	7,5
1850	48,8	21,2	6,2
1860	45,5	12,3	18,3
1870	56,6	11,8	9,5
1880	61,5	9,9	4,2

Fonte: Flavio de Campos e Miriam Dolhnikoff. *Atlas História do Brasil*. São Paulo: Scipione, 1993. p. 25.

a) Na década de 1820, o café era o produto mais exportado? Justifique sua resposta.

b) Durante quantas décadas do império o café foi o produto mais exportado pelo Brasil?

c) Em que período a exportação de café foi maior?

d) Levante hipóteses para explicar o aumento da exportação de café mostrado no gráfico.

3 Observe a pintura a seguir, de Juan Manuel Blanes, e responda às questões.

a) A pintura é a representação do resultado da Guerra do Paraguai para um dos países envolvidos. Que país é esse?

_____

_____

_____

▶ Juan Manuel Blanes. *A paraguaia*, c. 1880. Óleo sobre tela, 100 cm × 80 cm.

b) Na pintura, o artista associou a guerra a um sentimento. Que sentimento é esse? Como você o percebeu?

_____

_____

_____

4 O texto a seguir é o trecho de uma canção que os imigrantes alemães cantavam quando estavam a caminho do Brasil.

> O carro já está em frente à porta,
> Partimos com mulher e filharada,
> Emigramos para a terra prometida,
> Ali se encontra ouro como areia.
> Logo, logo estaremos no Brasil.

Zuleika Alvim. Imigrantes: a vida dos pobres no campo. In: Fernando Novais e Nicolau Sevcenko (Org.). *República: da Belle Époque à Era do Rádio*. São Paulo: Companhia das Letras, 1998. v. 3. p. 218. (Coleção História da Vida Privada no Brasil).

a) Qual era a expectativa dos imigrantes em relação ao Brasil?

_____

b) Em sua opinião, os imigrantes encontraram no Brasil a vida que imaginavam? Justifique sua resposta.

_____

_____

CAPÍTULO 4 — É gente de todo lugar

A culinária de outros povos

Uma das formas de perceber a diversidade cultural é analisar a culinária, pois cada povo tem seus próprios hábitos alimentares. Quando as pessoas se mudam de país ou região, levam consigo esses hábitos. Vamos fazer uma brincadeira sobre isso?

▶ *Sarma* (folhas de uva recheadas com arroz), *borek* (pastel recheado com queijo e espinafre) e *fatayer* (torta de carne): comidas típicas árabes.

1. A turma deve organizar-se em quatro grupos.

2. Cada grupo deve fazer uma pesquisa sobre a culinária de um destes países: Itália, Japão, Líbano ou Polônia.

3. Os integrantes do grupo devem escolher cerca de cinco ingredientes típicos de cada país (no mínimo três tipos e no máximo sete). Procurem e copiem algumas receitas que utilizem esses ingredientes.

4. Montem um cardápio com os pratos que vocês selecionaram.

5. Em sala de aula, preparem uma cena teatral de um atendimento em um restaurante. Os membros do grupo serão os garçons e os demais alunos serão os clientes. Os garçons devem esclarecer as dúvidas dos clientes sobre os ingredientes e sobre o modo de preparo dos pratos.

6. Em seguida, os alunos do próximo grupo assumem o papel de garçons e os demais serão os clientes.

Ao final da brincadeira, todos terão conhecido um pouco da culinária típica de cada país!

Brasileiros de muitas origens

Quando andamos pelas ruas de várias cidades do Brasil, é comum encontrarmos pessoas de olhos puxados, de olhos claros, de pele escura, de cabelo liso ou encaracolado. Enfim, há uma grande diversidade de características físicas em nosso país. Isso acontece porque o povo brasileiro formou-se por meio da mistura de vários povos: os nativos (indígenas), os africanos, os colonizadores portugueses e os imigrantes de diferentes origens.

No final do século XIX e início do XX, as cidades cresceram muito, principalmente devido à chegada dos imigrantes europeus.

▶ Cada grupo imigratório contribuiu de maneira diferente para formação da identidade do povo brasileiro.

Embora diversos imigrantes buscassem trabalho no campo, outros preferiram permanecer nas cidades. Contudo, não havia emprego para todos, inclusive porque muitos ex-escravos que deixaram de trabalhar nas fazendas foram para as cidades em busca de melhores condições de vida. Lá também se concentravam vários imigrantes, que, decepcionados com as más condições de trabalho no campo, migravam para os centros urbanos.

Os imigrantes sírio-libaneses e seus descendentes, por exemplo, dedicavam-se sobretudo ao comércio. Inicialmente, atuavam como mascates, isto é, vendedores ambulantes que viajavam de um lugar a outro oferecendo produtos como tecidos e bijuterias. Depois de juntar algum dinheiro, muitos deles acabavam indo para as grandes cidades, onde abriam as próprias lojas.

No início do século XX, com a atividade industrial em completa expansão, grande parte dessa população conseguia trabalho nas fábricas. A vida dos imigrantes e seus descendentes não foi nada fácil. Muitos deles moravam em cortiços, que eram habitações **insalubres** e apertadas, onde várias famílias viviam juntas. Nesses locais, as condições de saneamento e higiene eram precárias.

Algumas reformas urbanas foram feitas para acabar com os cortiços. No lugar deles, porém, surgiram moradias pelas quais os mais pobres não podiam pagar. Nesses casos, a população de baixa renda acabava sendo expulsa do centro da cidade, estabelecendo-se nos arredores dos grandes centros urbanos. Foi assim que se originaram os primeiros bairros de periferia.

Glossário

Insalubre: que é prejudicial à saúde.

As migrações internas no Brasil

Muitos brasileiros não moram nos municípios onde nasceram, pois migraram para outras regiões do país levando consigo a cultura típica de sua região de origem.

Essa mistura cultural ocorre devido às migrações internas, ou seja, o movimento de pessoas no próprio país. No Brasil, há muitos motivos para ocorrer esse tipo de movimentação interna, mas o mais importante deles está relacionado às atividades econômicas, determinantes para os deslocamentos populacionais.

A partir de 1930, os fluxos migratórios no Brasil passaram a ter relação com a industrialização crescente. Houve um processo chamado êxodo rural: um grande número de pessoas que saiu do campo (na área rural) em direção às áreas urbanas dos respectivos municípios. Esse movimento foi responsável por uma mudança na distribuição da população brasileira, que passou a se concentrar mais nas cidades.

Observe no quadro os movimentos migratórios a partir da década de 1950:

DATA	LOCAL DE SAÍDA	LOCAL DE DESTINO	MOTIVAÇÃO E TRABALHOS
1950 a 1970	Região Nordeste	Regiões Sudeste, Sul, Centro-Oeste e Norte	• fuga das secas • busca de trabalho e novas oportunidades • garimpo e agricultura
1960 a 1970	Regiões Sul e Sudeste	Regiões Centro-Oeste e Norte	• novas fronteiras agrícolas e de criação de gado
1970 a 1980	Região Sudeste e outras	Região Norte	• Zona Franca de Manaus e abertura da Rodovia Transamazônica

A partir da década de 1980, houve redução das migrações entre as regiões do Brasil em relação às décadas anteriores.

A migração de retorno, ou seja, a volta dos migrantes para as cidades de origem, foi um fenômeno bastante comum a partir dos anos 1990. Um exemplo significativo foi o retorno de muitos nordestinos que haviam migrado para o Sudeste.

A expansão das fronteiras agrícolas nas regiões Centro-Oeste e Norte e o crescimento de polos industriais fora do eixo Rio-São Paulo vêm modificando as movimentações populacionais internas.

Novos imigrantes

Os motivos da nova imigração são diferentes para cada grupo. Alguns migram em busca de novas oportunidades de trabalho, outros fogem de guerras, de dificuldades econômicas ou de perseguições políticas e religiosas em seu país de origem.

Há, também, a questão da integração mundial, que vem ocorrendo por meio do intercâmbio entre os povos. Essa conexão atrai pessoas que desejam estabelecer boas relações econômicas e comerciais em outros países.

Muitos chineses e coreanos, por exemplo, quando chegaram aqui, desenvolveram atividades nas áreas comercial e alimentar, principalmente nos grandes centros urbanos.

Desde o final do século XX, os imigrantes que chegam ao Brasil vêm principalmente de países da América do Sul e da África.

Bolivianos, peruanos, angolanos e nigerianos migraram em busca de melhores condições de vida.

O ano de 2010 marcou o início da imigração haitiana para o Brasil. Naquele ano, um grande terremoto atingiu o Haiti, localizado em uma ilha da América Central, na região do Caribe. Como a catástrofe deixou inúmeros feridos e desabrigados, muitos fugiram da situação de caos buscando abrigo no Brasil.

Com o início da guerra civil na Síria, em 2011, houve um grande fluxo de imigrantes sírios refugiados para outros países, entre eles, o Brasil.

Esses são apenas alguns exemplos dos vários grupos que chegam a nosso país em situação provisória ou definitiva. Diferentemente do que acontece em alguns países da Europa – onde os imigrantes recém-chegados devem permanecer em um **campo de refugiados**, sem direito a trabalhar –, no Brasil e em outros países da América Latina, os refugiados podem trabalhar e até estudar, pois têm os direitos de cidadão reconhecidos.

Glossário

Campo de refugiados: local provisório onde o refugiado mora com outros grupos de várias etnias.

▶ Vigésima primeira Festa do Imigrante, realizada pelo Museu da Imigração, em São Paulo.

Cada pessoa tem seus motivos para deixar seu país de origem, mas todas buscam formas de reconstruir a vida. Aqui, os imigrantes formam novas comunidades, ainda que enfrentem dificuldades de adaptação com a língua, a alimentação, a temperatura, os costumes locais e muitos outros desafios, como arrumar emprego.

A imprensa imigrante

Imagine que você tivesse de se mudar de país com sua família, provavelmente para nunca mais voltar. Ainda mais do que isso, imagine que as pessoas do país em que você fosse morar falassem outra língua e tivessem costumes diferentes dos seus.

Assim era a situação da maioria dos imigrantes no Brasil do final do século XIX e início do XX, e ainda hoje são esses os problemas que enfrentam os imigrantes atuais. Uma das formas de o imigrante lidar com a saudade e o estranhamento é buscar a convivência com outras pessoas do país dele.

Naquela época, por exemplo, em várias regiões do país, formaram-se colônias de imigrantes, nas quais pessoas da mesma etnia – como italianos, alemães, japoneses, lituanos, poloneses, ucranianos etc. – partilhavam o mesmo espaço. Foi assim que surgiram, por exemplo, os bairros italianos da cidade de São Paulo, como Belenzinho, Bixiga, Bom Retiro e Brás.

Eles também buscavam integrar-se uns aos outros por meio de jornais escritos em língua estrangeira e voltados a eles e seus descendentes. Alguns desses jornais eram muito lidos; em 1893, por exemplo, o jornal *Fanfulla*, da colônia italiana em São Paulo, teve uma tiragem de 15 mil exemplares. Só para ter uma ideia, o jornal *O Estado de S. Paulo*, um dos mais importantes do país no período, teve naquela mesma ocasião uma tiragem de 20 mil exemplares.

Entretanto, nem todos os jornais voltados aos imigrantes eram escritos em língua estrangeira. *O Colono Alemão*, fundado em 1836 no Rio Grande do Sul, por exemplo, era escrito em português.

No início do século XX, esses jornais cumpriam uma importante função política, pois publicavam notícias de interesse dos operários. Assim, em épocas de greve, esses pequenos jornais ofereciam um ponto de vista bastante diferente do apresentado pela grande imprensa.

▶ Reprodução de trecho da primeira edição de *O Colono Alemão*, 1836.

Rádio e televisão no Brasil

No início do século XX, o rádio ainda era uma invenção relativamente nova. Os equipamentos da época eram muito caros, nem sempre havia como comprá-los, e ainda não existiam as estações de rádio. Quem teria interesse em investir em uma estação de rádio se ninguém tinha dinheiro para comprar o aparelho e ouvir a programação?

A primeira grande transmissão de rádio no Brasil

▶ Família ouve rádio. França, 1925.

aconteceu no dia 7 de setembro de 1922, em comemoração aos 100 anos da Independência. Epitácio Pessoa, na época o presidente da República, fez um discurso que, graças às potentes antenas instaladas no alto do Corcovado, o popular morro da cidade do Rio de Janeiro, alcançou Petrópolis e Niterói, no Rio de Janeiro, e a cidade de São Paulo. Cerca de 80 aparelhos de rádio haviam sido trazidos dos Estados Unidos e espalhados por essas três cidades, muitos deles em locais públicos.

No início, as transmissões de rádio destinavam-se a poucas pessoas, e as emissoras contavam com a mensalidade paga pelos ouvintes. A programação tinha função educativa e cultural.

Na década de 1930, as leis brasileiras permitiram que as emissoras veiculassem comerciais ao longo da programação. Assim, com o dinheiro pago pelos anunciantes, o rádio tornou-se um negócio lucrativo, popularizando-se. Além de músicas, as pessoas ouviam programas de auditório e radionovelas. Os noticiários também atraíam bastante interesse, como o *Repórter Esso*, especializado em notícias internacionais.

Por volta de 1950, a televisão surgiu no Brasil, com a criação da TV Tupi. No início, toda a programação desse canal tinha de ser improvisada, pois não havia gravações. Tudo era feito ao vivo, menos as imagens dos noticiários: as reportagens eram filmadas e os filmes eram transportados de avião e revelados às pressas, para dar tempo de aparecerem no noticiário. O *Repórter Esso*, que já existia no rádio, passou a ter uma versão para a TV.

Mais tarde, foram desenvolvidas técnicas de gravação e a programação da televisão passou a ser mais profissional. Das radionovelas surgiram as telenovelas, que eram um verdadeiro sucesso, tanto quanto eram os programas de auditório.

Assim como os jornais, o rádio e a TV tornaram-se importantes formas de comunicação e de formação da opinião pública.

Comunicação e interatividade

No passado, havia poucos canais de rádio e televisão, e os programas buscavam atrair o maior número de pessoas possível.

Em 1942, foi criado o Instituto Brasileiro de Opinião Pública e Estatística, também conhecido pela sigla Ibope. Naquela época, seu principal objetivo era saber de quais programas as pessoas mais gostavam, ou seja, quais tinham maior audiência. Hoje, o Ibope também faz pesquisas sobre hábitos de consumo e intenção de voto durante as eleições.

O rádio e a televisão buscavam apresentar os programas mais populares para atrair os anunciantes de publicidade e, consequentemente, mais dinheiro. Por isso, as pessoas tinham poucas opções de canais para assistir ou estações para ouvir. Só com o passar do tempo, o número de estações de rádio e de canais de televisão aumentou e a programação passou a ser mais variada.

Atualmente, ao ligar o rádio, podemos perceber que há estações especializadas em notícias, outras em esportes e outras ainda em diferentes estilos de música etc. Isso também ocorre com os inúmeros canais de televisão, sobretudo da TV a cabo.

Com o cinema acontece algo parecido. Existem inúmeros tipos de filmes: ação, aventura, comédia, drama, romance, animação, ficção científica, guerra, suspense, terror, entre outros.

A internet aumentou a possibilidade de escolha. Podemos buscar e ver o que quisermos, na hora que desejarmos.

Toda essa mudança na comunicação foi possível devido aos avanços das tecnologias de transmissão. Contudo, nem todas as pessoas têm acesso a essas novidades, pois moram em regiões pobres e acabam ficando fora do mundo virtual. Isso é chamado de exclusão tecnológica ou digital.

Uma das maneiras de reduzir a exclusão digital é o governo de cada país aumentar os investimentos na área social, gerando mais empregos e melhores salários para a população, o que facilita o acesso à internet e às informações digitais.

▶ Entrada do Cinema Rivoli, na cidade de São Paulo, em 1958.

#Digital

Criando um *podcast*

Você já viu que *podcast* é uma forma de transmissão de informações, assim como as tradições orais, e ouviu alguns exemplos desse tipo de mídia.

Que tal agora criarmos um *podcast* para transmitir relatos de vida?

1. Em trios, escolham um adulto para fazer o relato da vida dele.
2. Perguntem ao adulto se ele concorda em participar dessa atividade e conversem com ele para conhecê-lo um pouco mais.
3. Criem uma lista de perguntas com o que vocês gostariam que o adulto relatasse e definam qual será o tempo médio de duração do *podcast*.
4. Entreguem todas as informações ao professor para que ele os oriente.
5. Organizem o local em que será realizada a gravação. Será necessário um computador, um microfone (pode ser o do próprio computador) e um *software* de gravação e edição.
6. Façam a gravação do conteúdo. Não se esqueçam de, no início da gravação, apresentar os participantes, a finalidade da atividade e a pessoa que fará o relato.
7. Depois de gravado o áudio, vocês poderão editá-lo inserindo pequenos trechos musicais, efeitos sonoros, cortando algumas partes etc.
8. Publiquem o arquivo como *podcast* na plataforma indicada pelo professor e compartilhem-no com os colegas de turma.
9. Depois que todos os *podcasts* forem publicados, não deixe de ouvir a produção dos colegas. Faça uma seleção daqueles de que você mais gostou e explique o porquê. Esse registro será utilizado em uma roda de conversa sobre a atividade.

Atividades

1 Por quais motivos as pessoas deixam o país de origem para viver em outro (emigram)?

_____
_____
_____

2 O texto a seguir foi publicado pelo Instituto Brasileiro de Geografia e Estatística (IBGE). Esse órgão é responsável por coletar e divulgar informações sobre a realidade nacional, como o Censo Demográfico, uma pesquisa que traz várias informações sobre a população brasileira. Leia o texto a seguir e faça o que se pede.

> O Censo 2010 mostrou que 35,4% da população não residia no município onde nasceu, sendo que 14,5% (26,3 milhões de pessoas) moravam em outro estado. São Paulo (8 milhões de pessoas), Rio de Janeiro (2,1 milhões), Paraná (1,7 milhão) e Goiás (1,6 milhão) acumularam a maior quantidade de pessoas residentes que não nasceram lá [...].

Migração. IBGE. Disponível em: <https://cnae.ibge.gov.br/en/component/content/article/95-7a12/7a12-vamos-conhecer-o-brasil/nosso-povo/1471-migracao-e-deslocamento.html>. Acesso em: 12 abr. 2019.

a) Os dados do texto coletados pelo IBGE comprovam a migração interna no Brasil? Explique.

_____
_____

b) Qual é o estado com maior número de migrantes? De acordo com o que você estudou neste capítulo, por que isso ocorre?

_____
_____
_____

3 Imagine que os habitantes do município em que você mora queiram receber pessoas de outros lugares para trabalhar e morar nele. Como você faria o anúncio para convidar essas pessoas? Seja criativo, tente convencer os leitores. Com os colegas, organize cartazes, panfletos ou fôlderes com esses anúncios.

4 As migrações são temas de diversas canções brasileiras. Com auxílio de um adulto, busque na internet a letra da canção *Asa-branca*, de Humberto Teixeira e Luiz Gonzaga. Com base nela, responda às questões a seguir.

a) Qual é a relação entre essa canção e o assunto abordado neste capítulo? Explique.

_____

_____

_____

b) Qual é o problema social descrito na música que levou ao movimento migratório?

_____

_____

5 Observe esta charge atentamente e depois responda às questões no caderno.

a) Você sabe o que é "rede social"? Se necessário, pesquise.

_____

_____

_____

_____

▶ Ivan Cabral. *Rede social*. Sorriso Pensante, 1º jun. 2011. Disponível em: <www.ivancabral.com/2011/06/charge-do-dia-rede-social.html>. Acesso em: 18 abr. 2019.

b) Quais redes sociais você conhece? De quais já ouviu falar?

_____

_____

c) A crítica feita nessa imagem mostra o que você aprendeu sobre exclusão digital? Explique.

_____

_____

Hora da leitura

Muitas pessoas imigraram para o Brasil em diferentes períodos. Há vários livros que relatam as viagens e a nova vida das pessoas nas terras a que elas chegaram.

Leia este relato:

A menina que descobriu o Brasil

Minha história começa numa aldeia italiana, muitos e muitos anos atrás... E continua na cidade brasileira de São Paulo, muitos e muitos anos atrás... Atrás, onde?... Lá, no tempo e no espaço da minha memória. Eu tinha dez anos quando, com meu irmão Caetaninho, cheguei ao Porto de Santos para reunir-me à metade brasileira de minha família: minha mãe, meu padrasto e os irmãozinhos nascidos no Brasil. [...]

Eu estava em São Paulo, eu estava em 1900. Um novo mundo, um novo século, uma nova idade. O futuro era agora. E a menina que tinha vindo "fazer a América" ia crescer [...].

E o que era a América, afinal?... Para mim, era a rua Tamandaré, no bairro da Liberdade, na cidade de São Paulo, onde ficava a casa em que vim morar no Brasil. [...]

Essa era a minha América: uma rua da Liberdade, onde se concentrava uma pequena população da Baixa Itália, quase todos [...] vindos da Saracena, a aldeia em que nasci em 1890 [...]. Unidos pelas mesmas raízes e solidários nas necessidades comuns, conservavam esses patrícios os costumes e dialeto da região de origem, embora já se aclimatando aos novos hábitos e à língua do país de adoção.

Ilka Brunhilde Laurito. *A menina que descobriu o Brasil*. São Paulo: FTD, 1994. p. 5-8.

▶ Imigrantes italianos posam para fotografia na chegada ao Porto de Santos, São Paulo, 1957.

1 Invente uma história em quadrinhos com as informações que você leu no texto. Os itens a seguir devem fazer parte de sua história:

a) a aldeia na Itália;

b) a viagem para o Brasil;

c) a chegada à nova terra;

d) a vida em São Paulo.

HISTÓRIA em ação

O Museu da Imigração

Você sabia que existem vários museus que contam a história da imigração no Brasil? Um deles é o Museu da Imigração, que fica no bairro da Mooca, na cidade de São Paulo. Lá é possível conhecer um pouco da história dos imigrantes que vieram ao Brasil nos séculos XIX e XX.

Antigamente, o Museu da Imigração era a Hospedaria dos Imigrantes. Os navios traziam essas pessoas até o Porto de Santos e dali elas eram levadas a essa hospedaria, onde permaneciam por cerca de uma semana, até serem encaminhadas para os locais de trabalho, geralmente fazendas no interior de São Paulo. A hospedaria, que funcionou de 1887 a 1978, podia abrigar mais de mil pessoas ao mesmo tempo. Ela hospedou nesse período cerca de 2 milhões e meio de imigrantes de várias nacionalidades.

Em 1998, o prédio da hospedaria foi transformado no Memorial do Imigrante, que funcionou até 2010. Depois de passar por uma reforma, o local se tornou um museu aberto ao público. Hoje é um importante ponto turístico da cidade de São Paulo, pois lá podemos conhecer vários elementos que resgatam a memória desses povos: as instalações da antiga hospedaria, fotografias, objetos pessoais e documentos. O museu também mantém uma coleção de documentos sobre a imigração, que podem ser acessados pela internet.

▶ Fachada do Museu da Imigração, antiga Hospedaria dos Imigrantes.

Como eu vejo

Febre amarela

A febre amarela é uma doença viral comum em países da África e da América do Sul. Ela é transmitida pelos mosquitos *Aedes aegypti*, *Haemagogus* e *Sabethes*.

Christiane S Messias

No Brasil, desde a década de 1940 produzem-se vacinas contra a febre amarela. Recomenda-se que as pessoas tomem duas doses da vacina na infância. Caso isso não ocorra, é possível tomá-la na idade adulta, com um intervalo de 10 anos entre cada dose.

Mais de 130 países exigem que os visitantes se vacinem antes de entrar em seu território. O Brasil ainda faz parte da lista de países em que há risco de contaminação. Por isso, recomenda-se tanto a brasileiros como a estrangeiros, antes de viajar para áreas de risco, tomar a vacina.

Outra forma de evitar a febre amarela em áreas de risco de contaminação é utilizar roupas que protejam o corpo contra picadas de insetos e aplicar repelente nas áreas expostas da pele.

CICLO DA DOENÇA:

Aedes aegypti pica outras pessoas e propaga a doença.

Picada dos mosquitos *Haemagogus* ou *Sabethes* em macaco infectado.

Pessoa contaminada na área rural vai para área urbana e é picada pelo Aedes aegypti.

Pessoa picada pelos mosquitos *Haemagogus* ou *Sabethes* é infectada em zona rural.

1. Numere as imagens na sequência correta do ciclo de transmissão da febre amarela.
2. Sublinhe, no texto, as medidas necessárias para evitar a propagação da doença.

Como eu transformo

Conhecendo e informando

O que fazer?

Um jornal falado.

Para que fazer?

Para informar e sensibilizar as pessoas sobre a febre amarela e, assim, reduzir os casos na comunidade em que se mora.

Com quem fazer?

Com os colegas e o professor.

Como fazer?

1. Reúna-se com três colegas e, juntos, pesquisem mais informações sobre a febre amarela, formas de transmissão e prevenção e a distribuição da vacina. Em seguida, compartilhem-nas com a turma.

2. Selecionem informações acerca do índice de febre amarela no país e na sua região nos últimos cinco anos. Procurem identificar a quantidade de casos registrados.

3. Elaborem, com o professor, um gráfico para divulgar as informações selecionadas. O que vocês descobriram? Lembrem-se de utilizar essas informações no jornal falado que criarão.

4. Organizem, com o apoio do professor, uma notícia com as informações que coletaram, para ser divulgada no jornal falado.

5. Combinem como vocês apresentarão a notícia, quem falará e o que será falado. É interessante, durante o ensaio, registrar o tempo utilizado para informar cada notícia.

6. No dia combinado, cada membro do grupo deve fazer a parte que ficou sob sua responsabilidade e todos devem se ajudar na gravação do jornal falado.

7. Decidam, com a turma, as melhores formas de divulgar o jornal.

O que achou de montar o jornal da turma?

Revendo o que aprendi

1 Complete as frases a seguir.

a) A família real chegou ao Brasil em _____ e se instalou na cidade do _____.

b) Em 1815, o Brasil foi elevado à categoria de _____ a Portugal.

c) Quem proclamou a Independência do Brasil foi _____.

d) A independência foi proclamada no ano de _____.

2 Observe estas duas imagens e depois responda às questões.

▶ Johann Moritz Rugendas. *Colheita de café na Tijuca*, 1835.

▶ Imigrantes ensacam café, 1915.

a) Que mudanças podem ser percebidas nas relações de trabalho nas lavouras de café? Explique.

_____

_____

b) Quais eram as dificuldades enfrentadas por esses grupos de trabalhadores no Brasil? Com base nas informações que você leu no texto, explique-as com suas palavras.

_____

_____

_____

155

3 Marque as alternativas que mostram os interesses do governo brasileiro em receber imigrantes no século XIX.

☐ Povoar as terras, principalmente o sul do país.

☐ Trazer estudantes de fora.

☐ Trazer mão de obra para substituir o trabalho escravo.

☐ Proporcionar melhores condições de vida aos estrangeiros.

☐ Embranquecer a população.

4 Leia o texto a seguir e depois responda às questões.

> Mais de 50 milhões de europeus – população global da Itália hoje – deixaram o continente entre 1830 e 1930. Grande parte teve como destino a América do Norte [...], mas 11 milhões, ou seja 22% do total, foram para a América Latina, dos quais 38% eram italianos, 28% espanhóis, 11% portugueses e 3% da França e Alemanha.
>
> Desses 11 milhões que foram para a América Latina, 46% foram para a Argentina, 33% para o Brasil, 14% para Cuba e o restante dividiu-se entre Uruguai, México e Chile.

Zuleika Alvim. Imigrantes: a vida dos pobres no campo. In: Fernando Novais e Nicolau Sevcenko (Org.). *República: da Belle Époque à Era do Rádio*. São Paulo: Companhia das Letras, 1998. v. 3. p. 218. (Coleção História da Vida Privada no Brasil).

a) A quantidade de pessoas que imigraram para a América era grande ou pequena? Justifique sua resposta.

_____

b) Qual é o país da América Latina que mais recebeu imigrantes europeus?

_____

c) De que país era a maioria dos imigrantes europeus que vieram para o Brasil?

_____

5 Liandra mudou do Brasil para Londres, na Inglaterra. Com base nessa informação, responda:

a) Como se chama o processo de mudança de um país para outro?

_____

_____

b) Que dificuldades Liandra poderá enfrentar?

_____

_____

c) Suponha que Liandra tenha ido a Londres por meio de intercâmbio, para estudar por determinado tempo. Que benefícios ela pode ter?

_____

_____

_____

6. Observe esta imagem e responda:

a) O que ela mostra?

_____

_____

_____

b) Analisando-a, que informações podemos obter?

_____

_____

_____

▶ Propaganda de televisão publicada na revista *O Cruzeiro*, em 23 de setembro de 1950.

c) Qual é a semelhança ou a diferença entre essa propaganda antiga e as propagandas atuais?

_____

_____

_____

_____

157

Nesta unidade vimos

- O Brasil se tornou independente de Portugal em 1822.
- De 1822 a 1889, o Brasil foi uma monarquia hereditária.
- Durante o segundo reinado, o café teve destaque na economia.
- A escravidão foi abolida em 1888.
- O Brasil é um país formado por povos de diferentes etnias e culturas.
- Imigrantes de diferentes regiões do mundo vieram e ainda vêm morar no Brasil.
- Os processos migratórios externos e internos ocorrem por diferentes motivos.
- Migrações internas são o deslocamento populacional dentro de um país.
- Os meios de comunicação passaram por mudanças e transformações ao longo dos anos e hoje são mais populares.

▶ Angelo Tommasi. *Os emigrantes*, 1895. Óleo sobre tela, 2,62 m × 4,33 m.

Para finalizar, responda:

- O que representa o objeto que os personagens estão montando nas páginas 116 e 117?
- De acordo com o que você estudou a respeito da imigração, quem são os personagens da imagem?
- Como você poderia relacionar a cultura brasileira a esses personagens e ao quebra-cabeça? Explique.

Para ir mais longe

Livros

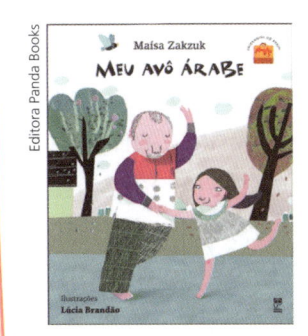

▶ **Meu avô árabe**, de Maisa Zakzuk (Panda Books).

Por meio das várias conversas entre Yasmim e seu Jido, descobrimos muitos aspectos sobre sua origem árabe, sua terra natal e a cultura de seus antepassados. Logo no começo do livro, Yasmim explica que *jido* é avô em árabe: "O nome verdadeiro dele é Amim. Ele nasceu muito longe do Brasil, em uma cidade que tem o nome de [...]: Damasco. Essa cidade é a capital de um país chamado Síria".

▶ **Meu tataravô era africano**, de Georgina Martins e Teresa Silva Telles (DCL).

Inácio, ao fazer um trabalho para a escola, descobre que seu tataravô tinha vindo da África. Na conversa com o avô, ele soube de histórias contadas por sua bisavó e pôde contar-lhe o que descobriu na escola sobre a vinda dos africanos e o período da escravização.

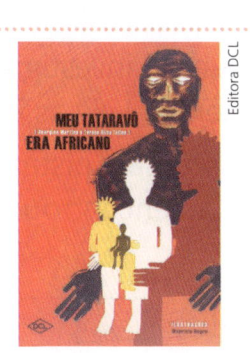

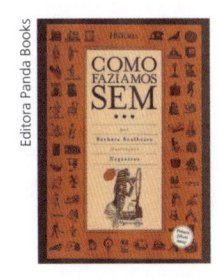

▶ **Como fazíamos sem...**, de Bárbara Soalheiro (Panda Books).

Você imagina como as pessoas viviam antes de invenções como a geladeira, a televisão, a escova de dentes e muitas outras? Nesse livro, você vai conhecer essas e outras informações.

▶ **As barbas do imperador: D. Pedro II, a história de um monarca em quadrinhos**, de Lilia Moritz Schwarcz (Quadrinhos na Cia.).

O livro, em quadrinhos, apresenta o Período Regencial e a biografia de Dom Pedro II, sua relação com a educação, o interesse pela ciência, sua rotina de estudos, relações e conflitos políticos.

Site

▶ **A cor da cultura**: <www.acordacultura.org.br>.

Nessa página, você acessa o projeto educativo A cor da Cultura, que promove a valorização da cultura afro-brasileira.

Atividades para casa

Unidade 1

1. Pesquise quais povos ajudaram a formar o município onde está localizada a sua escola, de onde vieram e que mudanças provocaram nele. Anote quais aspectos culturais (danças, artesanato, arquitetura, alimentação etc.) denotam essas diferentes culturas. Apresente o resultado em sala e, com os colegas da turma, organize cartazes. A pesquisa pode feita em livros, *sites* ou por meio de conversas com moradores locais.

2. Que tal investigar um acontecimento de sua história pessoal, como seu nascimento? Leia as instruções e anote o que descobrir.

    a) Procure pistas que lhe deem informações sobre seu nascimento e anote onde as encontrou.

    _____

    _____

    b) Faça perguntas a respeito de seu nascimento a seus responsáveis e anote o que eles lembram do fato.

    _____

    _____

    _____

    c) Com as informações coletadas, escreva um pequeno texto no caderno que descreva seu nascimento. Nele devem constar a data, o local e outras informações que possibilitem a quem ler o texto saber como ocorreu esse acontecimento.

    d) Depois, em sala de aula, conte aos colegas como foi a experiência de investigar seu passado.

3. Na atividade da página 21, você viu alguns exemplos de patrimônio imaterial: dança e música (frevo), alimento (queijo), artesanato (renda), desenho e pintura (arte *kusiwa*), além de uma expressão cultural que envolve arte marcial, esporte e música (capoeira). E na região onde você vive? Que costumes e tradições fazem parte do patrimônio imaterial? Busque informações e anote-as. Em sala, converse com o professor e os colegas e, em seguida, apresente à turma um exemplo daquilo que vocês conversaram.

4. O professor dividirá os temas por grupos. Cada grupo deve pesquisar imagens e informações que retratem um tipo de fonte histórica: **material**, **imaterial**, **escrita**, **visual** e **oral**.

Na data marcada pelo professor, traga para a sala de aula as imagens selecionadas na pesquisa. Em sala, cada grupo deverá confeccionar um painel explicativo. É importante que, além das figuras, os painéis tenham uma pequena explicação de cada elemento pesquisado.

Com o painel pronto, apresentem suas descobertas aos demais grupos.

5. Observe as imagens a seguir e faça o que se pede.

▶ Casario e Igreja de Nossa Senhora do Rosário dos Pretos, construída no século 19. Largo do Pelourinho, Centro Histórico de Salvador, Bahia.

▶ Igreja Matriz Nossa Senhora da Conceição, cuja primeira construção data de 1773. Coruripe, Alagoas.

▶ Museu Casa dos Contos, construído entre 1782 e 1784. Ouro Preto, Minas Gerais.

▶ Fachada do Museu de Sant'Ana, instalado na antiga Cadeia Pública construída em 1730. Tiradentes, Minas Gerais.

a) Todas as construções parecem ser históricas? Explique.

_____

_____

_____

b) Registre os elementos semelhantes na arquitetura de cada construção.

_____

_____

c) Qual é a importância dessas construções para a sociedade local e a nacional?

_____

_____

6 Que objetos em sua casa são exemplos de fonte histórica? Preencha o quadro com o que se pede.

OBJETO	TIPO DE FONTE

7 Reflita sobre o papel de cada um de nós na preservação do patrimônio, independentemente de ser do bairro, da cidade, do país ou do mundo. Elabore um texto com as respostas para as questões a seguir.

a) Que atitudes devemos adotar quando estamos diante de objetos, construções e monumentos históricos?

b) É correto pichar ou destruir esse patrimônio?

c) Quem serão os prejudicados se acabarmos com nosso patrimônio cultural?

8 Complete as lacunas do esquema a seguir.

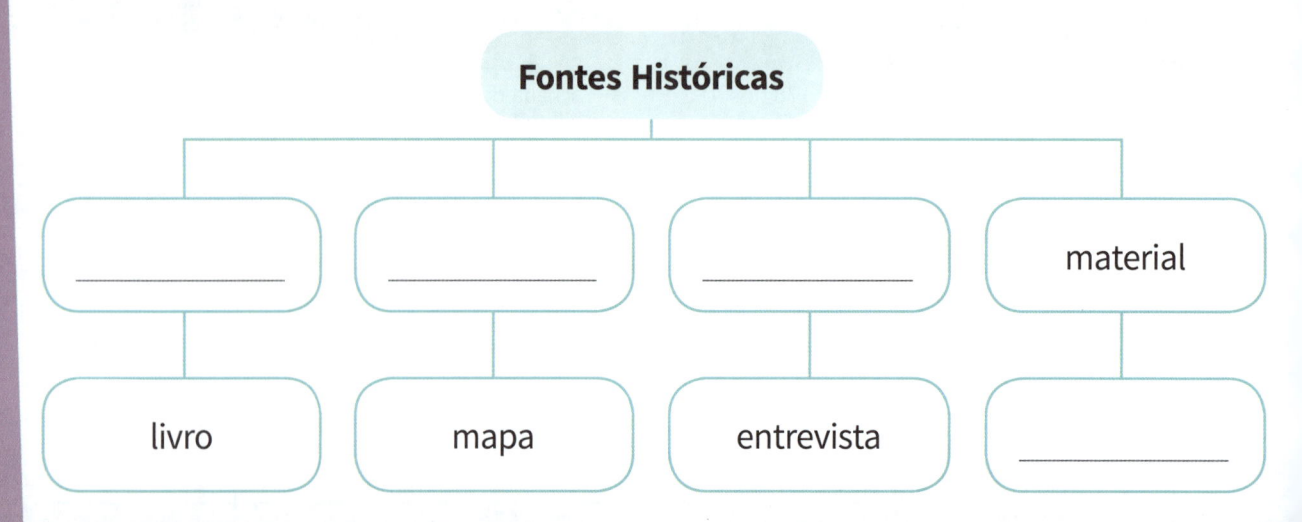

Fontes Históricas

- _____
- _____
- _____
- material

- livro
- mapa
- entrevista
- _____

Unidade 2

1. Observe a imagem ao lado.

   a) Que atividade econômica é mostrada nessa imagem?

   _____

   _____

   ▶ Colheitadeira em plantação de soja, no Mato Grosso do Sul.

   b) Os seres humanos sempre praticaram essa atividade? Explique.

   _____

   _____

   c) Qual é a importância do domínio dessa atividade para a formação das aldeias permanentes?

   _____

   _____

   _____

2. Observe esta imagem e responda às questões:

   a) Como é chamado esse tipo de imagem?

   _____

   _____

   b) Geralmente onde essas pinturas são encontradas?

   _____

   ▶ Pintura em rocha de mais de 12 mil anos. Sítio arqueológico Tassili n'Ajjer, Argélia.

   c) O que está representado na imagem?

   _____

   _____

   _____

d) Com base nesse desenho, que hipótese podemos levantar a respeito do grupo que o produziu?

_____

e) É possível afirmar que os animais domesticados conviviam pacificamente com as pessoas? Explique.

_____

_____

f) Os animais representados são semelhantes aos animais da atualidade? Quais?

_____

_____

3 O que você sabe sobre sua cidade? Para responder, elabore um texto descritivo com base no roteiro de questões a seguir.

- Quando pensa em sua cidade, qual é a primeira imagem que vem à sua mente?
- Como são as ruas, parques, praças e construções dela?
- Há hospitais, escolas, unidades de saúde e outros serviços?
- Como é o comércio? Há lojas, *shoppings*, supermercados, quitandas? O que mais?
- Há uma parte mais antiga na cidade? O que pode ser encontrado nela?
- Foi criado ou construído algo novo recentemente? O quê?
- Ela está próxima ou distante do meio rural?
- Como os habitantes dela vivem: moram e trabalham na própria cidade?
- O que os habitantes da cidade produzem? Há fábricas?
- O que eles compram fora da cidade?
- Ela é grande ou pequena?
- Com que outras características você a descreveria?

Os textos finalizados serão lidos para toda a turma em sala de aula.

4 Complete esta tabela indicando a que século pertence cada ano citado.

ANO	SÉCULO
35	
1240	

ANO	SÉCULO
853	
2018	

Unidade 3

1 Observe os mapas a seguir e, depois, responda às questões no caderno.

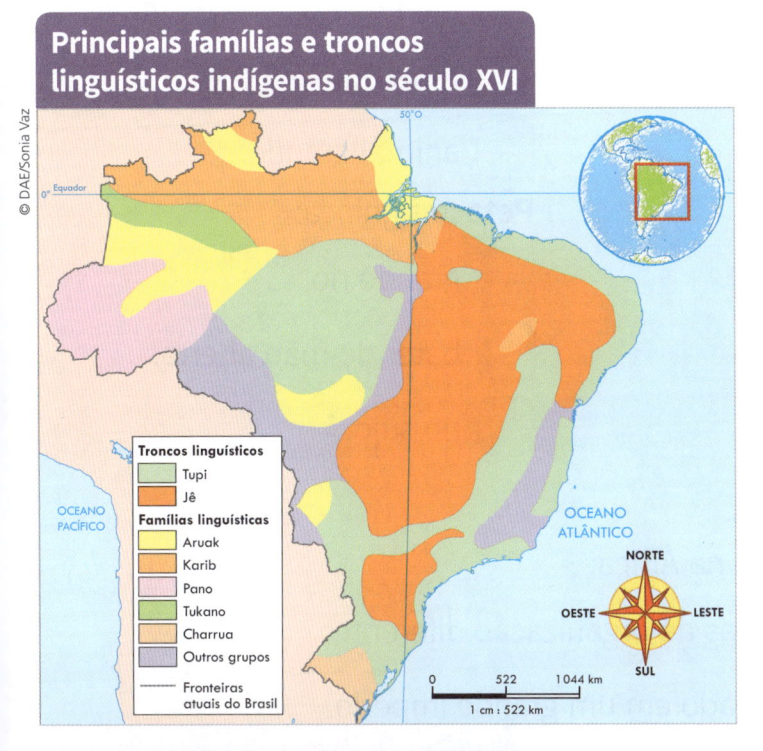

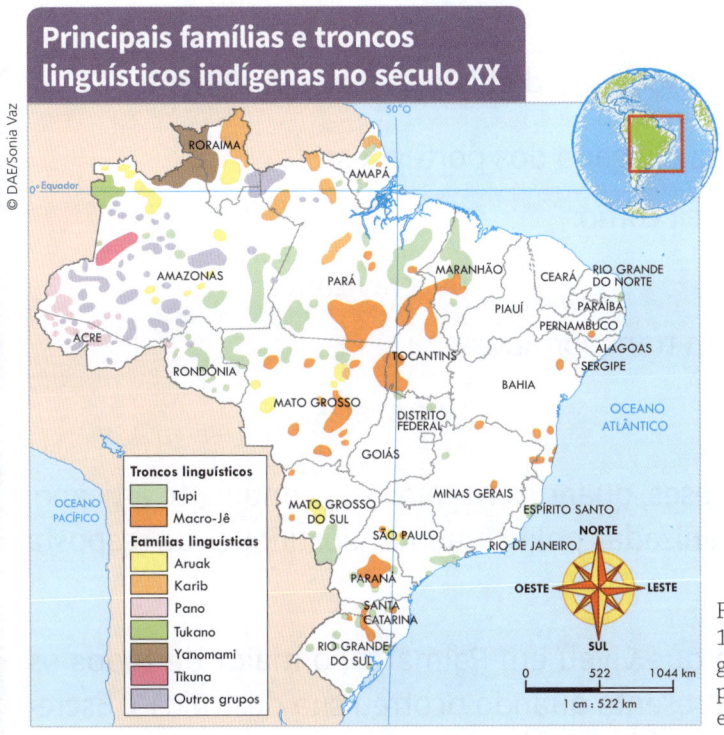

Principais famílias e troncos linguísticos indígenas no século XVI

Troncos linguísticos: Tupi, Jê
Famílias linguísticas: Aruak, Karib, Pano, Tukano, Charrua, Outros grupos
Fronteiras atuais do Brasil
1 cm : 522 km

Principais famílias e troncos linguísticos indígenas no século XX

Troncos linguísticos: Tupi, Macro-Jê
Famílias linguísticas: Aruak, Karib, Pano, Tukano, Yanomami, Tikuna, Outros grupos
1 cm : 522 km

Fontes: José Jobson de A. Arruda. *Atlas histórico básico*. 17. ed. São Paulo: Ática, 2011. p. 35; Línguas. Povos indígenas no Brasil. Disponível em: <pib.socioambiental.org/pt/c/no-brasil-atual/linguas/troncos-e-familias>. Acesso em: 15 abr. 2019.

a) O que cada um dos mapas representa?
b) Quais são as diferenças e as semelhanças entre eles?

165

2 Descubra, entre três alternativas, o significado de algumas palavras de origem indígena.

a) **Mandioca** é:
- ☐ alimento.
- ☐ dança.
- ☐ tipo de pintura.

b) **Abati** significa:
- ☐ ferida.
- ☐ milho.
- ☐ animal.

c) O significado da palavra **butantã** é:
- ☐ aquele que olha de lado.
- ☐ terra dura e firme.
- ☐ animal grande.

d) **Peteca** significa:
- ☐ grande rio.
- ☐ bater de mão aberta.
- ☐ rio sujo.

3 Assinale as alternativas corretas.

a) Os portugueses encontraram na África:
- ☐ vários grupos com formas de organização diferentes.
- ☐ um grupo único organizado em um grande império.

b) A escravidão na África:
- ☐ não ocorreu em nenhum momento da história desse continente.
- ☐ já existia mesmo antes da chegada dos portugueses.

c) Os africanos chegavam ao Brasil como:
- ☐ trabalhadores livres.
- ☐ escravizados.

d) Os africanos escravizados eram transportados em:
- ☐ navios negreiros.
- ☐ caravelas.

4 É correto afirmar que os portugueses, quando chegaram ao continente africano, encontraram sociedades desorganizadas politicamente? Justifique sua resposta no caderno.

5 Imagine-se um escravo fugitivo que viveu em Palmares, o maior de todos os quilombos brasileiros, e estava presente quando ocorreu sua destruição. Escreva, no caderno, a história de sua vida no quilombo. Não se esqueça de colocar informações sobre como era a escravidão, por que foi viver no quilombo, entre outras questões do período.

Unidade 4

1 Responda às questões a seguir.

a) O que mudou e o que permaneceu com a independência do Brasil?

_____

_____

_____

b) Quem foram os imperadores do Brasil no período monárquico? Qual foi o período de governo de cada um?

_____

c) Qual foi o produto-base da economia brasileira no Segundo Reinado?

_____

2 Escreva **V** nas afirmativas verdadeiras e **F** nas falsas.

☐ Até meados de 1850, a principal mão de obra nas lavouras cafeeiras do Brasil eram os escravos.

☐ Todos os imigrantes europeus que vieram trabalhar nas lavouras brasileiras encontraram excelentes condições de trabalho e enriqueceram.

☐ A produção cafeeira não trouxe riqueza para o Brasil; seus produtores se tornaram pessoas sem prestígio e sem poder político.

3 Durante o século XIX, foram feitas muitas propagandas que convidavam pessoas de outros países para morar no Brasil. Atualmente, as empresas investem bastante em publicidade para vender seus produtos. Em sua opinião, o que é importante para uma propaganda ter sucesso?

_____

_____

_____

_____

4 Observe a imagem ao lado e responda às questões.

▶ Escravos em terreiro de uma fazenda de café na região do Vale do Paraíba. Fotografia de Marc Ferrez, c. 1882.

a) Que atividade o fotógrafo registrou na imagem? Como era esse processo?
_____

b) Quem está trabalhando nessa atividade?
_____

c) Por que esse tipo de mão de obra deixou de ser utilizada nas fazendas?
_____
_____
_____
_____

d) Qual mão de obra substituiu os escravos nas lavouras de café?
_____

5 Você conhece algum migrante? Se sim, entreviste essa pessoa para que ela lhe conte sua história de migração. Em uma folha à parte, escreva as informações solicitadas no roteiro a seguir.

- Nome da pessoa, idade e profissão.
- Ano em que a migração aconteceu.
- Nome da cidade e do estado de onde a pessoa partiu.
- Motivo da mudança.
- Principais dificuldades enfrentadas quando chegou ao local de destino.

Traga a entrevista para a sala de aula e, em uma roda de conversa, compartilhe as informações com os colegas.

Datas comemorativas

Descobrimento do Brasil – 22 de abril

O dia 22 de abril marca a data em que, no ano de 1500, a esquadra do português Pedro Álvares Cabral desembarcou na região onde hoje é Porto Seguro, na Bahia.

Cabral se deparou com florestas, rios, animais coloridos, como os papagaios, que nunca tinham sido vistos pelos portugueses. E, nessas terras, longe do reino de Portugal, também moravam homens, mulheres e crianças muito diferentes dos que eles estavam acostumados a ver. Eles se vestiam de outra forma, tinham outros costumes, outras línguas etc. Chamou a atenção dos portugueses o fato de que eles andavam nus e pintavam o corpo com tinta colorida.

E foi assim, no litoral da Bahia, que os portugueses tiveram o primeiro contato com os indígenas que habitavam o Brasil.

▶ Oscar Pereira da Silva. *Desembarque de Pedro Álvares Cabral em Porto Seguro*, 1922. Óleo sobre tela, 3,33 m × 1,90 m.

1 O quadro acima foi pintado séculos depois da chegada de Cabral às terras que hoje formam o Brasil e retrata como seu autor imaginou e representou esse fato.

Imagine-se um indígena na hora da chegada das caravelas de Cabral. Você está na praia e vê navios enormes no horizonte. Quando se aproximam, pode perceber que, neles, há pessoas diferentes de você. Em uma folha à parte, faça sua própria pintura da chegada dos portugueses, desta vez pela visão de um indígena.

Independência do Brasil – 7 de setembro

Em 7 de setembro é comemorada a Independência do Brasil. Foi nesse dia que, no ano de 1822, Dom Pedro I rompeu os laços com Portugal e declarou o Brasil um país livre.

Essa data é muito importante, pois independência significa liberdade. Diversos povos do mundo, em vários momentos, lutaram buscando a liberdade.

A palavra **independência** expressa a condição de viver em liberdade e, por isso, essa data é comemorada todos os anos. Assim, podemos lembrar a importância de uma nação poder decidir sobre seus caminhos, e de seu povo poder viver de acordo com sua cultura e seus costumes, sem depender de outro país ou precisar seguir ordens.

Portanto, no dia 7 de setembro de todos os anos, vamos comemorar o fato de sermos um país livre.

▶ Desfile cívico e militar do dia 7 de setembro.

1. Busque descobrir que eventos sua cidade oferecerá para comemorar a Independência do Brasil. Se puder, vá ao evento, fotografe-o e partilhe em sala de aula sua experiência. Se não puder ir ou se na cidade não houver nenhum evento específico, pesquise na internet como foi a comemoração em outro município de seu estado.

Dia Nacional da Consciência Negra – 20 de novembro

Em 20 de novembro é comemorado o Dia Nacional da Consciência Negra. Essa data foi escolhida porque em 20 de novembro de 1695 foi morto Zumbi, o principal líder do Quilombo dos Palmares.

A ideia dessa comemoração partiu do poeta afrodescendente Oliveira Silveira, de Porto Alegre. Ele propôs o dia 20 de novembro porque considera o Quilombo dos Palmares o maior símbolo da resistência dos escravos, e acredita que o assassinato de seu grande líder deveria servir para a reflexão da situação atual dos afro-brasileiros.

Assim, em 20 de novembro de 1971, ocorreu, pela primeira vez, a homenagem a Zumbi. Desde então, os diversos grupos que lutam pelos direitos dos afro-brasileiros vêm adotando esse dia como símbolo de sua luta contra o preconceito e a discriminação. Em 1995, a data foi tornada oficial pelo governo federal.

Atualmente, em várias cidades brasileiras, esse dia é considerado feriado e ocorrem passeatas e eventos artísticos. Dessa forma, a data não serve apenas para lembrar a morte de Zumbi, mas para promover ações de valorização e luta pelos direitos da população afrodescendente.

▶ Comemoração do Dia Nacional da Consciência Negra. São Paulo, 2017.

1 "No Brasil, somos todos mestiços." Você já ouviu essa frase? Pois é verdade. A população de nosso país é uma mistura de vários povos que vieram de diversos lugares de mundo. Por isso, temos tantas diferenças nos traços, nas cores dos olhos e dos cabelos etc.

Para mostrar todos esses rostos do Brasil, forme um grupo e, juntos, desenhem um grande mapa do Brasil em uma cartolina. Depois, recortem de jornais e revistas os rostos de diferentes pessoas e colem-nos dentro do mapa.

Depois de pronto o trabalho, juntem aos mapas dos outros grupos e façam uma grande exposição na sala de aula.

Caderno de cartografia

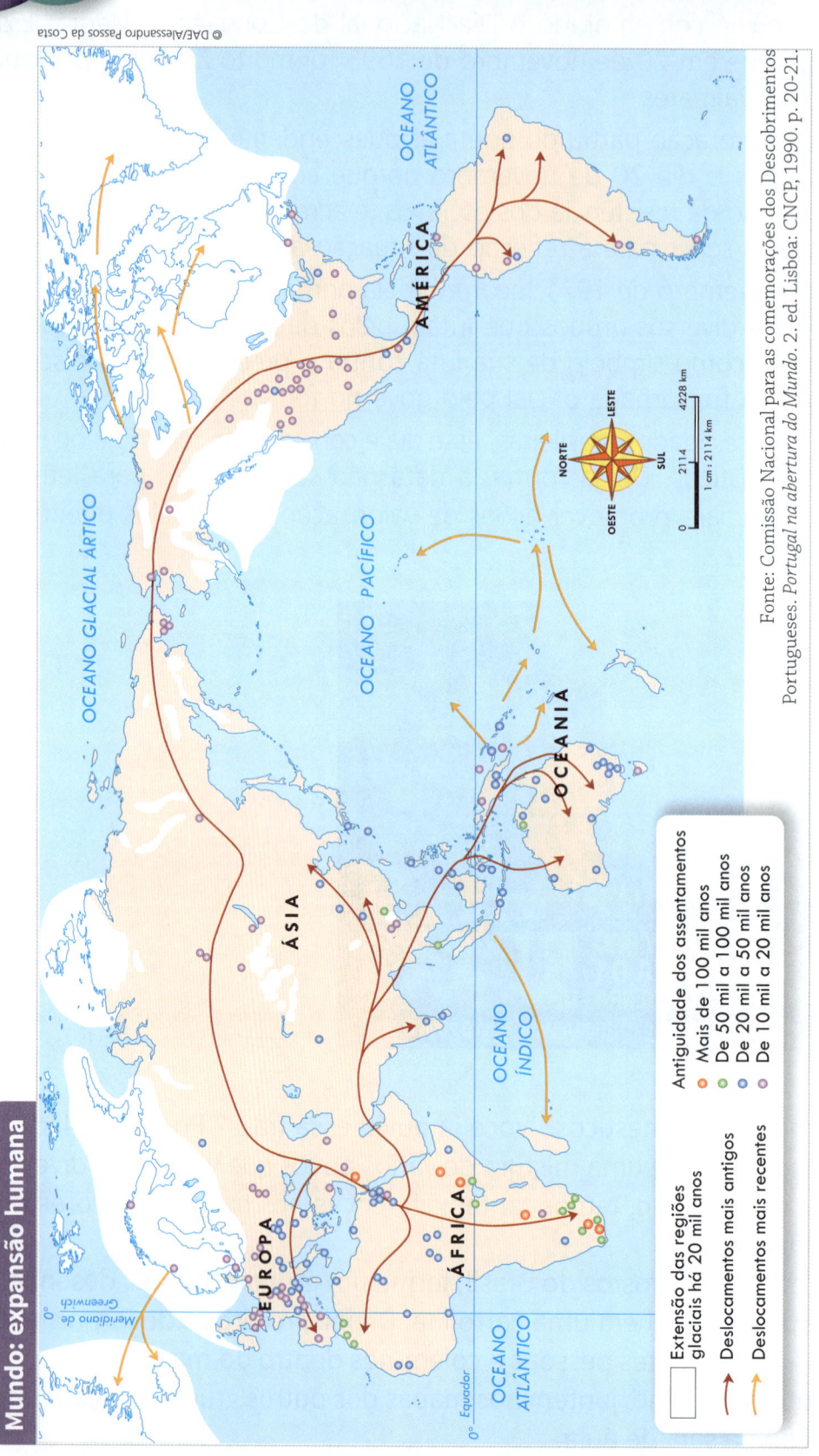

Mundo: expansão humana

Fonte: Comissão Nacional para as comemorações dos Descobrimentos Portugueses. *Portugal na abertura do Mundo.* 2. ed. Lisboa: CNCP, 1990. p. 20-21.

Antiguidade dos assentamentos
- Mais de 100 mil anos
- De 50 mil a 100 mil anos
- De 20 mil a 50 mil anos
- De 10 mil a 20 mil anos

- Extensão das regiões glaciais há 20 mil anos
- Deslocamentos mais antigos
- Deslocamentos mais recentes

Escala: 1 cm : 2114 km — 0 — 2114 — 4228 km

172

Expansão marítima (1492-1597)

Expedições
- Espanholas
- Portuguesas
- Inglesas
- Francesas
- Holandesas
- Meridiano de Tordesilhas

Fonte: Jeremy Black (Ed.). *World history atlas*. Londres: Dorling Kindersley, 2008. p. 80-81

Rotas comerciais dos fenícios

Fonte: Cláudio Vicentino. *Atlas histórico: geral e Brasil*. São Paulo: Scipione, 2011. p. 20-21.

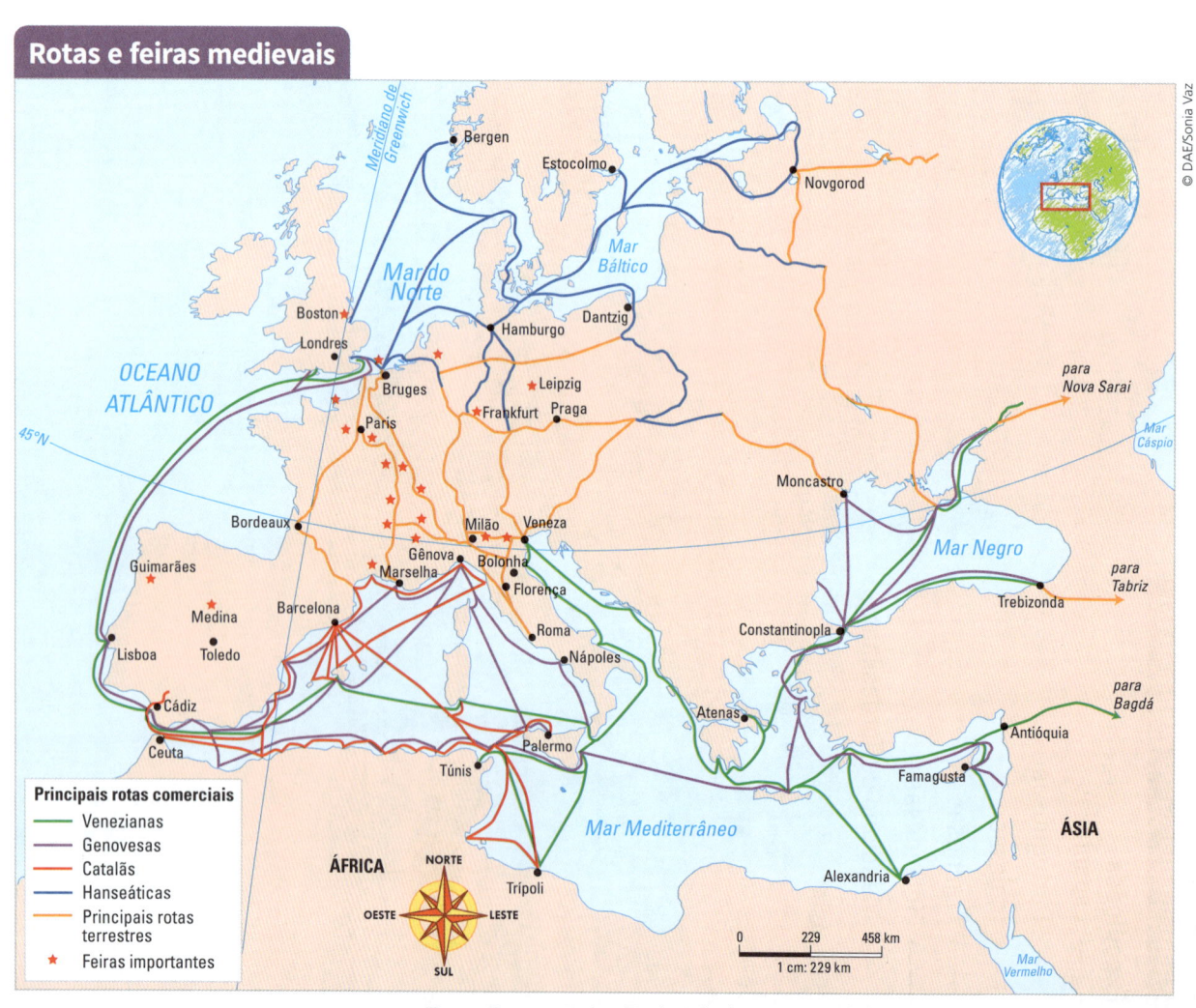

Rotas e feiras medievais

Fonte: Georges Duby. (Dir.). *Atlas histórico mundial*. Barcelona: Larousse, 2011. p. 55.

Encartes

Peças para a atividade das páginas 68 e 69.

Peça para a atividade da página 124.

Recortar

175